本日晴天　お片づけ

伊藤まさこ

はじめに

「整理整頓」。

言葉だけみると四角四面でとっつきづらいように思えてしまいますよね。それからちょっとだらだらしたい気分の時に、この言葉を突きつけられると、自分がものすごくだめな人間のように思えて落ち込む時さえある。

でも、家の中が整理整頓されていると気持ちがよいものだし、次に何か行動する時に、よしやるぞ！なんて気分にもなる。何がどこに入っているか、どこに置いてあるかが一目瞭然ならば作業だってはかどる。きちんと整理整頓しておけば暮らしの流れがよくなることに気づきます。

私はたくさんのものと向き合う仕事をしていますが、家の中はわりといつも片づいています。友人知人からはよく「どうしてすっきりしているの？」なんて聞かれるのですが、それは暮らしの流れをよくして気分よくいたいから。理由はわりあい単純です。

洋服、本、台所道具に器、冷蔵庫の中、仕事の資料、自分の頭の中。数えだしたら生きていく上で整理整頓しなくてはいけないことが山積みですが、ひとつひとつ向き合って解決していくことこそが気分よく暮らす、もっと言えば気分よく生きることにつながるのかな、そんな風に思っています。

汚れがたまる前にささっと拭いてしまおうとか、棚板を増やせばものがすっきり収まるんだとか。この本では私が暮らしていくうちに少しずつ見つけた工夫をご紹介。本をめくるうちに、ふーん……明日からやってみようかなぁ、なんて、ちょっとやる気になってもらえたら、なんだかうれしい。「こうしなくてはいけない」のではなくて「こうするといいのかも」、そんなならくちんな気持ちで読んでみてください。

ところで、この本のタイトルは「整理整頓」ではなくて「お片づけ」。意味は同じようでも「お片づけ」って呼び名、かわいくて、親しみやすくないですか？　毎日のことですから、無理しない方がいいに決まっているし無理は長続きしない。

無理せず楽しく元気よく。

お片づけし終わったあとの心は、晴れ晴れと広がる青空のよう。

ああ、だから私は片づけが好きなんだなぁ。

伊藤まさこ

目次

半端に残ってしまった食材をどうするか

好きなくせに、なぜだか気がつくと少ーしずつ残っている、そんな食材があります。ドライフルーツにナッツがその筆頭。そのまま食べることももちろんありますが、少し手を加えると、また違った味わいが楽しめます。

ドライフルーツが余った時は、ざくざく刻んで大きな瓶に入れ、ブランデーやキルシュを注ぎ、涼しい場所に置いておきます。年に何度かそれを繰り返すとクリスマスが近づく頃、ドライフルーツのお酒漬けができあがります。これをたっぷり入れてパウンドケーキを焼くのですが、口の中に何種類ものドライフルーツの風味が広がって、とってもおいしい。少しずつ加えたからこその味なのだな、とうれしくなるのです。

ナッツは瓶に入れてはちみつを注げば、チーズやトーストに合うナッツのはちみつ漬けに。火もいらず計量もせず。手軽にできておいしいので、これ食べたさにナッツをわざと余らせることもあるほどです。

最近のヒットはお茶のブレンド。これもまた半端に余ったお茶を気ままにブレンドしてみたら、あらなかなかいけるじゃない、という味に仕上がりました。その時はイギリスの紅茶にスモーキーな風味の中国茶、クローブも少し入れたかな。秋のはじまりにふさわしいスパイシーでこっくりとした味になりました。

同じものを作ろうと思うとそうもいかないものですが、偶然の重なりによる新しい発見は、なかなかに興味深い。残りものには福があるなんて言いますが、まさにそうだなとうなずくばかりです。

時間がたつほどにおいしくなるドライフルーツのお酒漬け。保存食作りとも言えない気軽さが好き

パントリーの底力

キッチンの扉の奥は、ガスの給湯器がある一畳ほどの小さなスペース。本来だったら掃除機などを置く場所なのかもしれませんが、夏でもひんやりしていてまっ暗にもなって……という利点を生かしてパントリーにすることにしました。

もともとはここ、前の前の住人が置いていった棚がありました。でもその棚、なんだかぐらぐらしていて頼りないのです。せっかくならばきちんとしたものを作ろうと、内装をお願いしている友人に、隠れてしまうので棚板の見栄えにはこだわらないということと、鍋やミキサーなど重いものも置きたいので、とにかくしっかりと作ってもらいたい、このふたつをお願いし、できたのが奥行き四〇センチの棚板が六枚ついたこちらの棚。

食材はもちろん、鍋にミキサー、クイジナート、布がたくさん入ったかごいくつか……あれまだ入る？　だったらコンベクションオーブンも入れてしまおう、ついでに土鍋もと

いう具合に、これがもう気持ちいいくらいたくさん入っていく！

じつは写真では見えないのですが、左手前のスペースにも棚板を取りつけました。欲張りな私は、この空いたスペースも活用できるのでは、そう思ったのです。奥行き二〇センチと収納量は少なめなのですが、逆にそれがよかったみたい。缶詰やはちみつなどが一目瞭然。六段あるのでこちらもまたものがぐんぐん入っていくのです。

たかが一畳されど一畳。ここがあるのとないのとでは、キッチンの様子はきっと全然違って見えたはず。棚ってすごい、棚ってえらい。開けるたびに棚の底力に感謝する日々です。

キッチンクロスとウェスはたっぷり用意しバンバン使います

包丁はいつでも料理に取りかかれるよう常にピカピカに

ゴミ箱はゴミ捨てのたびに、外と中を拭いてこざっぱりと

冷蔵庫脇に作った棚。上にはかご、下は重めの鍋などを

私のキッチン

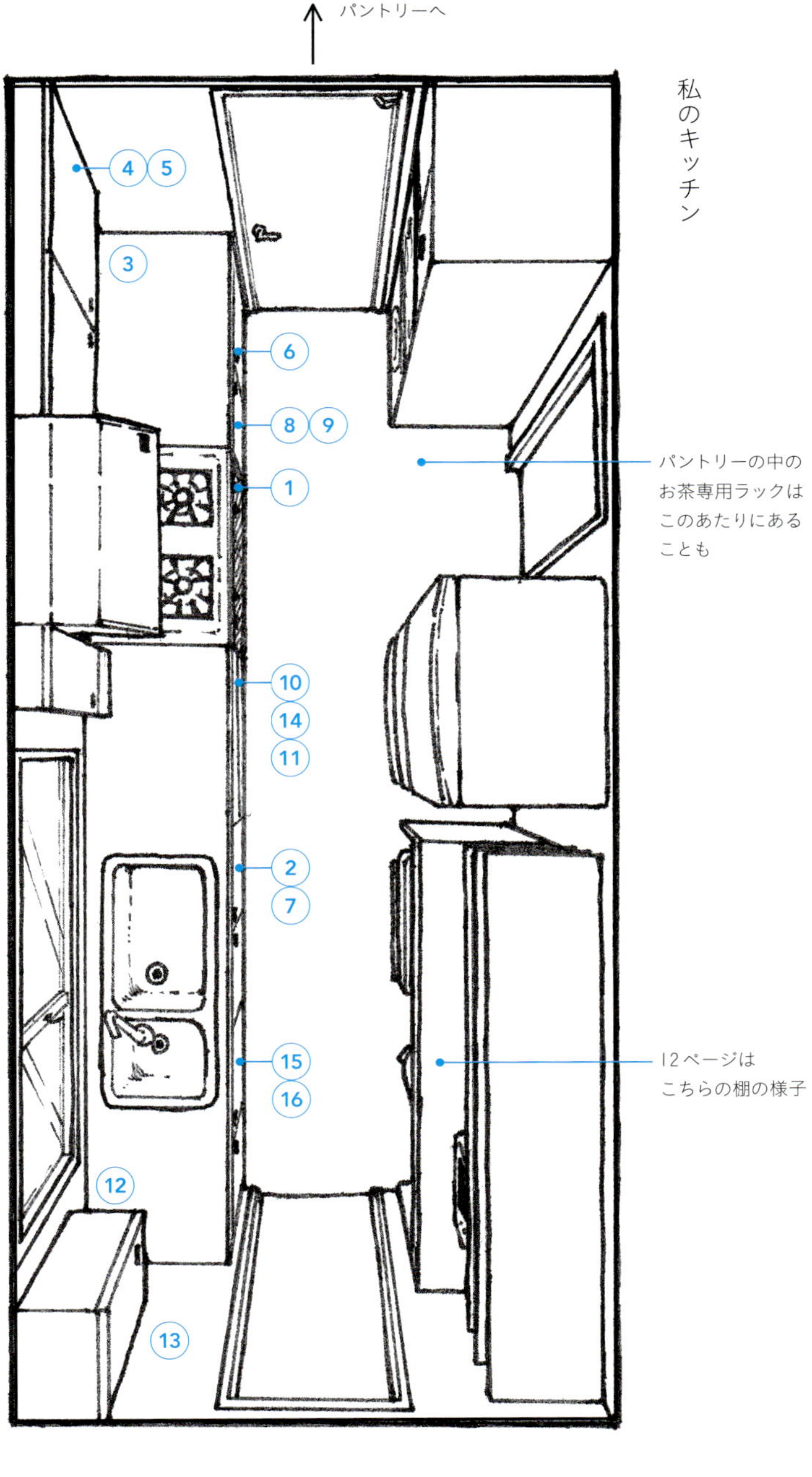
パントリーへ
4
5
3
6
8
9
1
10
14
11
2
7
15
16
12
13
パントリーの中のお茶専用ラックはこのあたりにあることも
12ページはこちらの棚の様子

2 塩はザルに入れ、流しの下の収納へ。料理によって使い分けたいのでいつも10種類ほど用意しておく

1 光が差し込む台所は家の中で一番好きな場所。懐かしげなタイルの柄も気に入っている

5 右の写真の上の扉を開くとこんな感じ。お弁当のものを中心に

4 このちょっとした棚がとても便利。こまごましたものを置いています

3 塩や砂糖はふたつきのガラスの容器に

7 流しの下には調味料を。何がどれくらいここにあるか把握できるようストックはあまり持たない

6 ガス台右横の収納。洗濯機の前にあるので保存容器と一緒に洗剤も入れています

8 砥石や計量カップ、輪ゴムなどのこまごましたもの専用

9 お箸と箸置き専用引き出し。素材ごと形ごとに分類

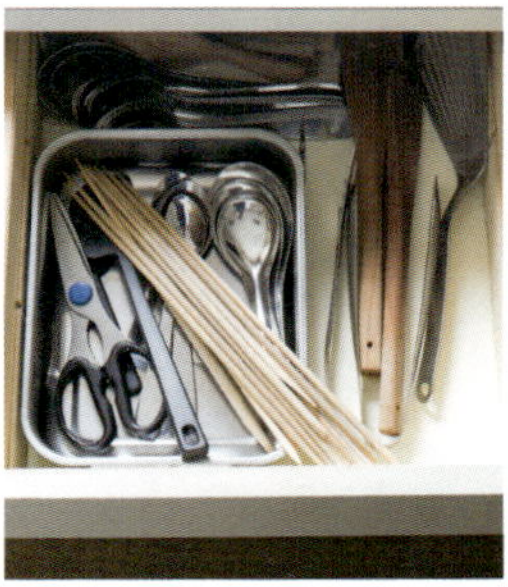

10 菜箸や木ベラなど、出番の多いものはガス台横に

11 深めの引き出しには、カトラリーを立てて収納

12 木のトレーは風通しがよく、日の当たる場所に

13 ボウルは重ねると取り出しづらくなるのでゆったりと

14 シルバーのカトラリーはざっくりと分類

15 流しの下に置いた小引き出しには豆皿を収納

16 小引き出しの中はこんな風。見やすく取り出しやすく

台所の奥のパントリー

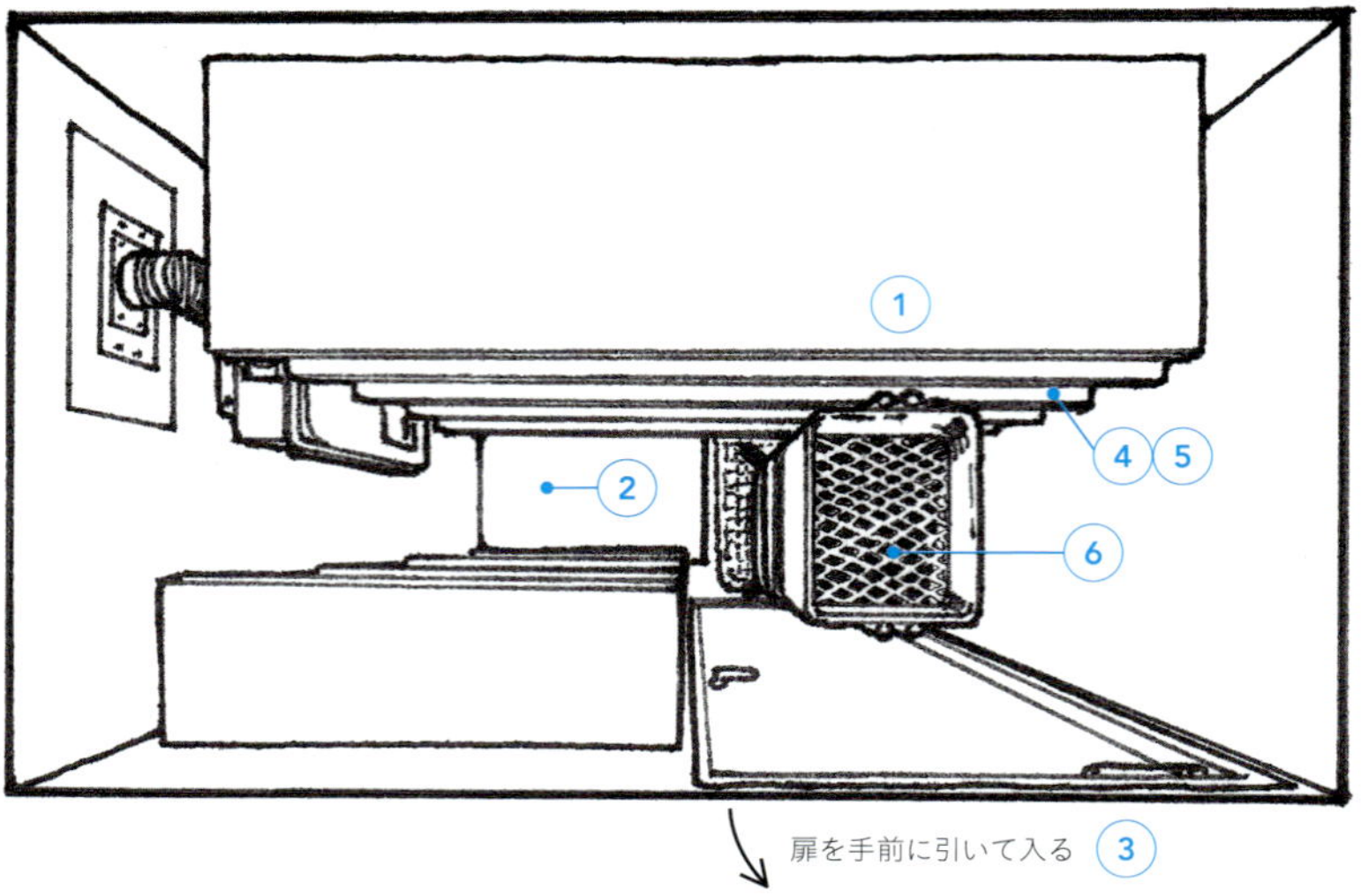

すっきりとととのった台所は私の暮らしの基本。いつでもこざっぱりと清潔に。台所の奥に見えるのがパントリーへの入り口

1 パントリーの扉を開けると見えるのがこの風景。そう頻繁に使わないキッチン家電もここに入れています

2 パントリー入り口に立って左を見たところ。奥行きの狭い棚にはこまごましたものを

3 時々、開け放して換気を。ロンドンで買ったドアストッパーが活躍

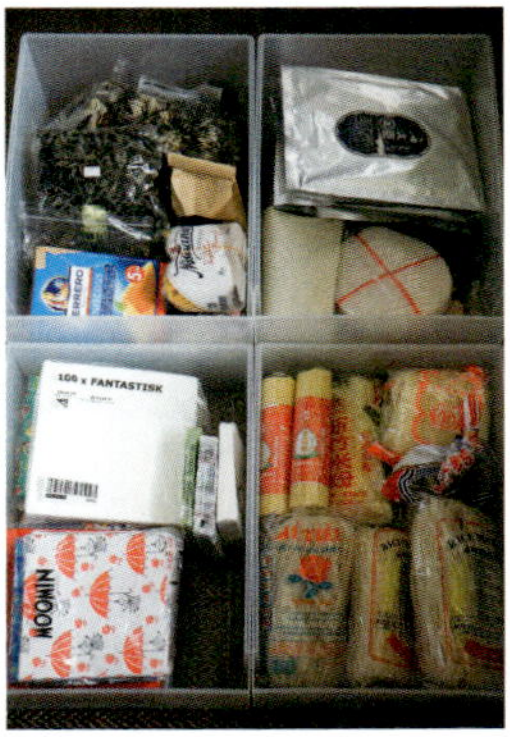

4 無印良品の引き出しに乾物や紙ナプキンなどを。時々、死蔵しているものがないかチェック

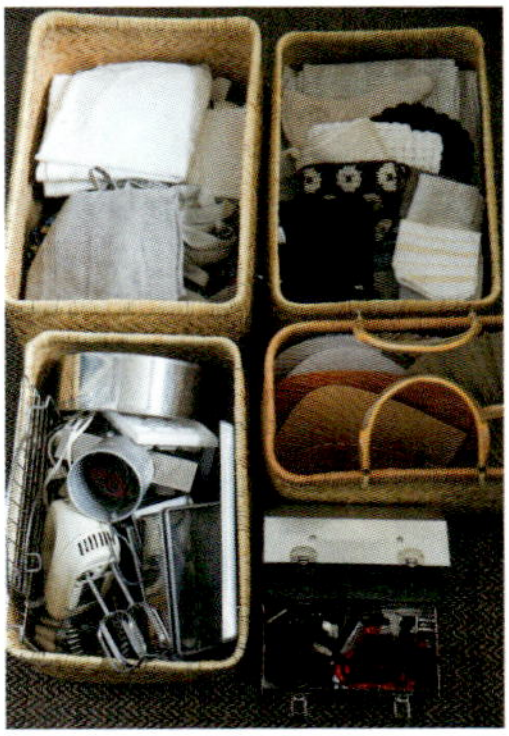

5 かごや行李を使っておおまかに分類。どこに何が入っているか自分さえ分かっていれば大丈夫、というラフな収納

6 パントリーの一番手前に置いているお茶専用のラック

もうひとつのパントリー

我が家の冷蔵庫はふたつあって、ひとつはふだんの食材を入れる冷凍冷蔵庫。そしてもうひとつがこのワインセラーです。セラーにはワインがぎっしり……というわけではなくて、日本酒やジュース、台北で買ってきた酵素シロップなど、瓶入りの飲みものならなんでも。上と下とで若干の温度差があるので、下はシャンパンや白ワイン、上は赤ワインという決めごとがあるにはあるのですが、わりとラフになんでも入れています。

もう二十年のつきあいになりますが、いいなぁと思っているのは冷蔵庫だと冷えすぎてしまうチーズやチョコレートがほどほどの温度で保てることと、スパイスやオイルサーディンの瓶や缶など、こまごました食材の置き場にもなるというところです。

このセラー、扉がガラスというところもポイント。いつでも中が見渡せるので、うっかり同じものを買ってしまったり、持っていることを忘れて賞味期限が過ぎてしまった！なんてことがないのです。

置き場所はリビングの隅っこ。その脇にはテーブルがあるので食事の時のお酒えらびも楽々です。時にはお客様に飲みたいワインをえらんでいただき、開栓までおまかせしてしまうことも。その後のチーズやデザートもここから……と考えると、このセラーは私にとって第二の冷蔵庫でもありパントリーでもあるわけです。

時々遊びにやってくる友人は、この中を見るのが大好

きなのだとか。そんな人がいるのかと思うと「ラフに」とは言っても乱雑にしておくわけにもいかず、気づいた時に少し整理。こうして考えると、見渡せることによって湧き起こる緊張感っていいことなのかもしれませんね。

豆皿と小引き出し

おかゆを食べる時、塩やおじゃこの炊いたの、梅干しなどをそれぞれ見合う豆皿に盛って並べてみたり、おやつの時間に干菓子やチョコレートをちょこんとのせてみたり。豆皿を使う時は、どこかおままごとをしているような気分になります。この愛らしい器は、毎日の暮らしに欠かせない飯碗やお椀と違い、私にとっては、いろどりみたいな存在になっています。

市や旅先の骨董屋で見つけてはちょこちょこと買っていた豆皿も、ハタと気づけば、いったい何枚あるんだろう?というくらいたくさんになりました。揃いで買うことはほとんどなくて、気に入ったものを一枚、二枚……という具合なので色も形も柄もばらばらなのですが、これが眺めているだけで楽しい。けれども、長年の懸念事項があったんです。それは収納をどうするか。重ねてしまうとどこに何があるのか分かりづらいし取り出しづらい。見やすく、できれば収納ごと美しい、そんな収納方法はないものか……。

ところがある日、ふと思い立ち、文房具入れにしていたこの小引き出しに豆皿を入れてみたところ、深さや奥行き、サイズ感などが計算されたかのようにぴったり。おたがい古いものだからか、相性もよいのです。落ち着き場所を得た豆皿は、なんだかますます愛らしくかわいらしく見えてきて、愛着もひとしおに。きっとまた欲しい豆皿との出会いが出てくるかもしれないけれど、ひとまずは、ここに入るだけ、と心を鬼にしています。

教えてください！まさこさん

1 キッチンの整理整頓

段ボールで届いた野菜。
無駄にしないで上手に食べたい。

我が家にも畑を持っている知人から季節ごとの野菜が届けられます。先日はネギと白菜がどっさり。最初の頃はその量に戸惑ったものです。何しろあれもこれも、ではなく一種類の野菜がどんどん届くのですから。とは言え丹精込めて作ってくれた野菜。無駄にしてなるものかと毎日のおかずをあれこれ考えたり、保存食にしたり。そんな風に工夫しているうちに料理の幅がぐんと広がりました。

たとえばネギは薬味に使ったり鍋に入れたりはもちろん、蒸してマリネにしたり、油で煮てしょうがのすりおろしと塩を加えてネギソースにしたり。このネギソース、瓶に入れて冷蔵庫で保存すれば、蒸し鶏と和えたり豆腐の上にのせて……と何かと重宝。差し上げても喜ばれるのでいつも多めに作って贈りものにしています。

発想を自由にすればひとつの野菜から驚くほどたくさんの料理が生まれる。最初の頃、段ボールいっぱいの野菜を前に頭を抱えていたのが今では懐かしくなっています。

冷蔵庫の整理は？

気がつくといつも冷蔵庫の中の棚を拭いているような気がします。なのであまりタイミングは見計らっていないのですが、強いて言えば食材が少なくなった時が整理時？

冷凍室に入れた食材がいつのまにか霜だらけに。
もっと上手に冷凍庫を使いたい。

何かと頼りがちな冷凍庫の食材。ついついいっぱいになりがちなのですが、もうこれ以上は入らない！となったら一気に冷凍庫の中のものを使って料理します。たとえばコロッケとパンでコロッケサンドの朝食。たとえばカレーとごはんで昼ごはん。たとえばしじみの紹興酒煮、焼豚、台湾で買ってきた花巻で晩ごはん。

これすべて冷凍庫の食材。からっぽの冷凍庫、これはこれで気持ちのよいものです。

こんなものも冷凍しているといういい例があったら教えてください。

うーん、何かしら？

あ、前の答えでも触れましたが、しじみが冷凍できることを二年くらい前に知り、冷凍庫に常備しています。急いでいる時でもお吸いものやお味噌汁がささっと作れるし、しじみで取った出汁にレモングラスとナンプラーで味つけし、煮麺などにしてもおいしい。酸化しやすいバターも使い切りサイズに切ってラップに包み冷凍しておくといいですよ。あとはベーコンもブロック状のものを五センチくらいずつに切って小分けに。

でもあまり冷凍を過信しすぎず定期的にきれいにしましょうね。

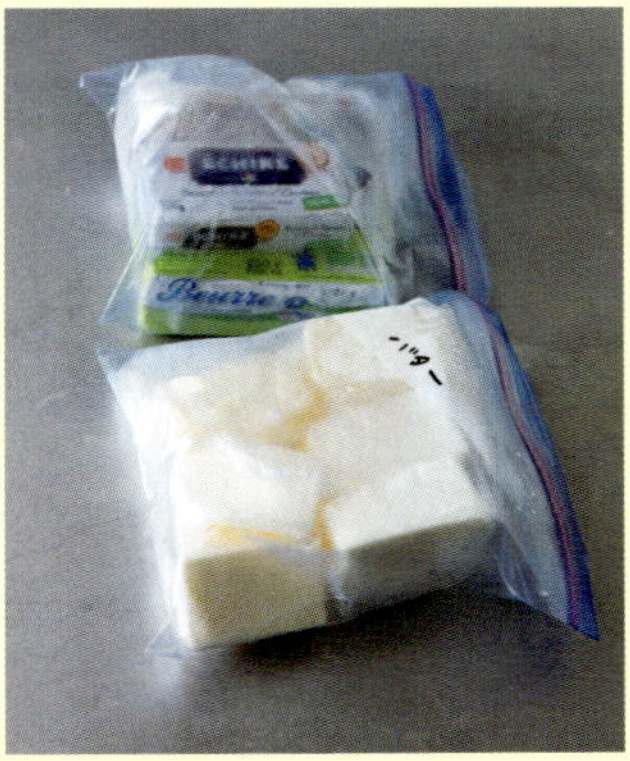

ワインやお酒の収納は？
やっぱり専門のラックが必要？

その人、その家ごとに必要とするお酒の量は違うのでなんとも言えませんが、たしかにお酒が好きならば専用のラックやセラーがあると重宝します。私はワインが七十本入るセラーを持っていますが、そこにはワインの他、瓶詰や手作りジャム、水なども入れていて、パントリーのような使い方をしています。上段と下段で若干の温度差があるので、下の方にはシャンパンや白ワイン、上には赤ワインというように分けていますが、上段にチーズを入れることも。冷蔵庫ほど冷えすぎないところが気に入っています。

保存食や残りもののための容器でよいものは？

野田琺瑯のホワイトシリーズの保存容器と、合羽橋で手に入れたステンレスの蓋つき保存容器が定番。野田琺瑯の社長夫人・善子さんのご自宅の冷蔵庫はホワイトシリーズがずらり。それは合理的で美しく理想的な冷蔵庫の中でした。

「贅肉」を取りたい。
いい工夫はないですか？

ある程度の体重に達したら意識して減らす努力をします。贅肉も持ちものと同じですね。持ちすぎないこと。増えたら減らす！

会食が多くて。
胃腸の整理整頓は？

職業柄か食べてばかりの毎日。みんなから「大丈夫？」なんて心配されますが大丈夫。時々、半日もしくは一日何も食べずにお白湯だけの日を設けています。体調をととのえるため……と言えば聞こえがよいですが、実際はもう食べたくない！という日があって、その体からの声に自然に従っているだけ。体はとても正直なので食べたい時は食べ、食べたくない時は食べない。案外これでととのうものです。

開けたら、全部が見えるように
収納したい。

仕事がら、料理家さんの家や仕事場に行くことも多いのですが、共通するのは、みなさんそれは美しく使い勝手よさそうに器を収納されています。その中でなるほどと思ったのが、奥行きの狭い棚を使っていた方の言葉。「奥にしまうと取り出しにくくなり、結局使わなくなってしまうのよ」。棚の扉を開けると、飯碗や茶碗、急須が一目瞭然で、とても使いやすそうでした。

私は本棚を食器棚にしていますが、それを選んだ理由のひとつに奥行きが狭いことがありました。使いたい器をさっと取り出せ、とても便利。ただオープンなので掃除が面倒という方には不向きですけれどね。

奥にあったり
重ねてあるものも
取り出しやすい収納は？

ボウルや鉢、大皿などは重ねずに収納すると、取り出しやすくなります。重ねるとそれだけ収納量が増えますが、急いでいる時に、奥にあったり重なっている器を取り出すのはとても億劫《おっくう》。結局、使わなくなってしまうんですよね。なるべく奥には入れずに横並びに収納するのがいいと思いますが、食器棚をそう簡単に買い替えるわけにもいかないもの。もしも可能でしたら棚板を増やしてはどうでしょうか。私はもともとあった棚板では収納しきれず、棚板を二十枚増やして「重ねない」「一列横並び」の収納を実現させてすっきりさせました。

どんなふうに食器を
分類してしまっていますか？

三つの棚を横並びにしていて、右には洋食器、左は和食器、真ん中は洋と和が半々……と大まかに分類しています。手と目が届きやすいところによく使う食器を置くのが基本。あとは耐熱皿、白いヴィンテージの皿、小鉢、飯碗という具合に、種類別、用途別、もしくは作家別に分けています。

好きなものを買っていくうちに
食器棚はぎゅうぎゅうに。
棚の整理はどんなタイミングで？

私も以前に比べたら買いものの量はずいぶん減りましたが、それでもやはりものは増えます。けれどもそのまま放っておくと家が大混雑になりますから、食器棚がいっぱいになったところで整理することにしています。

好きで買ったものでも、時がたつうちに好みが変わったり、料理の方向性が変わったりすると自然と使わなくなる器もあるものです。年に一度、年末に見直すとか、引越しの時に整理するとか、自分の中でものを見直す基準を設けるといいかもしれませんね。

収納を考えて
食器を買い揃えますか？

収納を考えて、欲しいものを買わない、ということはまずありません。とくに旅先でよいものに出会った時は、一期一会と考えてどんなに重くてもかさばっても、持って帰ることにしています。ああ、あの時あれを買っておけばよかった！という後悔をするのがいやなので……

鍋やボウルの収納は？

鍋が好きで、あれこれ買っているうちに二十個以上になってしまいました。仕事柄、食器も台所道具も量はとても多いのです。鍋はキッチンに鍋用の棚を作りつけ、そこにほぼすべてを収納しています。

食器の収納にも言えることですが、鍋もまた重ねると使いづらくなってしまうので、棚板を増やし、重ねずひとつひとつ収納しています。よく使うものは目と手の届くところ、あまり使わないものは上の方に……という具合に配置しています。

じつのところ鍋はこんなに必要ではないのですが、好きな鍋がずらりと並んだ様子を見るだけで幸せな気分になるからいいのだ！　そう思っています。

蒸し器や飯桶など、あまり使わないものはどんなふうにしまっていますか？

キッチンの奥に一畳ほどのパントリーがあり、そこに歴代の住人が使っていた棚があったのですが、ぐらぐらでかなり使いづらかったので、棚を作り替えました。食材はもちろんですが、大きな真鍮の鍋や土鍋、飯台、おひつなどはその棚に収納しています。蒸し器はほぼ毎日使うので鍋が並ぶ棚へ。

スプーンやフォーク、お箸はどんなふうに整理していますか？

無印良品のポリプロピレン製のカトラリー容器に入れて分類。それをキッチンの引き出しに入れています。コーヒースプーンや菓子切りはグラスに入れて立てて収納し、他のカトラリーと同じ引き出しへ。

料理に使うトングやへらを、すぐ出せるように片づけておきたい。

以前は菜箸、木べら、料理や味見に使うアルミのスプーンやレードルなど、それぞれの用途ごとにガラスの器やヴィンテージのジャム瓶などに立ててガス台の横に置いていました。

今はおおまかに分類して、ガス台横の引き出しにしまっています。さっと取り出せて、料理が楽ですし、しまってあるので汚れません。

台所道具は清潔が基本ですからね。

しまわずに出しておくものはありますか？

食器も鍋もオープン棚に入っているので、しまわずに出しておく、ということになるのでしょうか。しまうと使わなくなる、というのが私の考え方。好きなものだからこそ、いつも目が届き、すぐに使える状態にしておきたいと思っています。

台所の整理整頓、食器棚の整理整頓のコツは？

時々見直すことかな。使わないものがあったら、これから先、持っていていいものかと考えることが必要かもしれません。けれども使わなくても好き、というものもありますよね？　私はその気持ちも大切にしたい。要はものが多くてもその台所の持ち主が心地よければそれでいい。そう思っています。

クローゼット管理術

もうたくさん持っているからと思いつつもついつい買ってしまうのが服。買いものをしすぎた時は反省することもありましたが、最近は仕事の意欲につながるのだからいいんじゃないかと開き直っています。

けれど収納にはかぎりがあります。そこで本や器と同様、一年に数度見直して、服を整理することにしています。整理のきっかけは「クローゼットがぱんぱんになったら」。量を一定にしておかないと、家中大変なことになってしまいますからね。まずはここ一、二年着ていない服をより分けます。そしてその服をかたっぱしから着てみる。前はもちろん横も、後ろも、鏡に映った自分を客観的に観察します。服は変わらなくても、自分の体型や肌の質感は年を重ねるごとに変わるもの。少し前には似合っていても、残念ながら似合わなくなる服もあるのです。

着る服と着ない服に分けたら、次は着なくなった服を仕分け。数度しか着ていない服は、それぞれ似合いそうな年下の友人たちに引き取ってもらうことにしています。着物はよく行くスナックのママ、撮影映えするペパーミントグリーンのワンピースは人前に出る機会の多い仕事をしている人へ、色違いのカーゴパンツは娘の友達へ、こんな具合に。

その後、クローゼットの中の服を色ごとに分類すれば、あらすっきり。目指すは、いつ誰に見せても恥ずかしくない洋服屋さんのようなクローゼット。ふだん目に見えないところこそ緊張感を持っていたいものだなと思っています。

ぎゅうぎゅうに入れず、多少余裕を持たせると見やすく出しやすい。いつでも人に見せられる、というのが理想

着物の収納

着物の収納、どうしていますか？　着物を着る方へは、必ずこの質問をしてしまう私。増え続ける着物をどう収納するかは、ここ数年の私の懸念事項だったのです。着物専用の桐箪笥をいくつも持っていて「季節ごと色ごとに分けているわよ」という方がいましたが、和室のない我が家では桐箪笥なんて夢のまた夢。いえ、桐の箱は持っているんです。でも重ねて収納すると下の箱の中のものがどうにも取り出しづらくて。ふたつあるその箱をさらにいくつか買い足すかどうかが迷いどころだったのでした。

そんな私の目の前が晴れやかになったのが「洋服と同じで収納ケースに入れてるよ。時々虫干しすればそれでも大丈夫」とのお言葉。そうかそれでいいんだ。次の日、さっそく服の収納と同じケースを五個、買いに走りました。中のものが透けて見えるし、服と並べて収納できるし、これはいいとひと安心。

せっかくならばこの際、帯締めや帯留めなどの小物のこともちゃんと考えよう。そこで思い出したのが、使い終わった手帳を入れて収納の奥に押し込んでいた小引き出しの存在です。手帳はいい機会だからとすべて処分し、四段ある引き出しにそれぞれ、渋めの色合いの帯締め、明るめの色合いの帯締め、帯揚げ、はぎれに分類。こ

豆皿を収納した時もそうでしたが取り出しやすく一目瞭然。このまごま収納に小引き出しは最適ということを再認識しました。

こうして着物問題は一件落着したのですが、すると次は新しい着物が欲しくなったりして……困ったものですねぇ。

豆皿同様、小引き出しを使った収納。帯締めなどを眺めながら整理するのがとても好き

教えてください！まさこさん

2 服とのつきあい方は？

ここまで着たらもう十分、
そう思えるのは
どこまで着たらなのでしょうか。

うーん、これはとても難しい質問ですねぇ。たとえば四十八歳の私が着るのとティーンエイジャーの娘が着るのとでは、同じ服でも印象が違います。古着なんかでも若い子が着るとかっこいいし様になるんですよね。服を「着倒す」力があるというか。そして逆に私が着るとどうも貧乏臭くなってしまう。なので少しくたびれたなと思う服は、心を鬼にして思い切って処分します。「着ない覚悟」も大事というか。

それでもやはりもったいないな、と思う気持ちもありまして、そういう場合は部屋着にします。セーターとかカットソーとか。質のよいカシミヤのセーターなどを家で着るというのもまたよいもので、ほつれや穴を繕いながら着ています。

それでも「近所にそれを着て買いものに行けるか」というのを基準として、人前ではもう無理……と思った服は処分します。

カットソーはじょきじょき切ってウエスにすれば罪悪感もなし。

靴の収納、
何かいい方法はないですか？

これを言うとかなりの人に驚かれるので、あまり一般的ではないかもしれないのですが、靴は基本的に下駄箱には入れていません。そのシーズンの靴は履いたらひと晩くらい休ませて翌日手入れをし、買った時に入っていた箱に戻してクローゼットにしまっています。洋服の近くに靴があるとコーディネートがしやすいので、とてもいいなと思っています。

何より服の近くにあるのだから、きたない靴を持ち込むのはいやだとせっせと手入れする努力をする。それがいいなと思っています。

その季節に履かない靴は、玄関脇の収納にしまっています。

クローゼットはいっぱいなのに、
シーズンが来ると
新しい服がほしい。

買いものは楽しいし、新しいものを着るのは心が躍りますよね。そして何より仕事や暮らしの原動力にもなるものです。と言い訳しながら基本的に欲しいものは買います。もちろん予算の都合などありますが。

捨てるほど傷んではいない、
そういう服とのつきあい方は？

服の状態は変わっていないかもしれないけれど、明らかに年はとっているわけで、体のフォルムは変わっているんですよね。

なのでここは思い切って着てみて、辛口な意見を言ってくれる人に見てもらうか、その様子を写真に撮って冷静に客観的に判断する、というのはどうでしょう。

けれども女友達は遠慮がつきまとうもの。できれば自分に近い存在の家族がいいかと思います。私は娘に判断してもらいますが、これがなかなか厳しくて。でも正直な意見はとても参考になっています。失格となった服はより似合う友人へ……

このコーディネートチェックを年に最低二回はして、服の量を一定に保つように心がけています。

しまいやすく、出しやすい。
伊藤さんは服をどんなふうに
しまっていますか？

ハンガーにかけられるものはなるべくかけてクローゼットへ。統一感が出るようすべて揃いの木のハンガーにし、服は色ごとに分けています。クローゼットの中をいつでも人に見せられる、というのが基本。セーターは薄手のものと厚手のものに分類、こちらもまた

色分けして引き出しへ。引き出しは無印良品のポリプロピレン製のものを使っていますが、深さや幅などサイズが豊富でこれがなかなか便利。靴下やタイツは浅め、セーターは深めと入れるものによってサイズを使い分けていま

す。バッグやストール、帽子などの小物も同じように引き出しに分類。ごちゃごちゃにせず「ここを開ければこれが入っている」というように把握できると安心。

シーズンオフのものは引き出しの一番上、もしくは下へ。ふだん身につけるものは取り出しやすい場所に。クローゼットの中も同様で、シーズンオフのものははじっこへ。つまり衣替えは棚やハンガーの位置を変えるだけなのでとても楽。この方法にしてから衣替えしないと！と気を張らせることがなくなりました。

服や靴の手入れはどうしていますか？

私は毛玉のついたセーターが嫌いなので、いつも毛玉取り機をセーターの引き出しに入れて手入れしています。最近は家で洗える洗剤などたくさん売られていますが、プロにはかなわない、

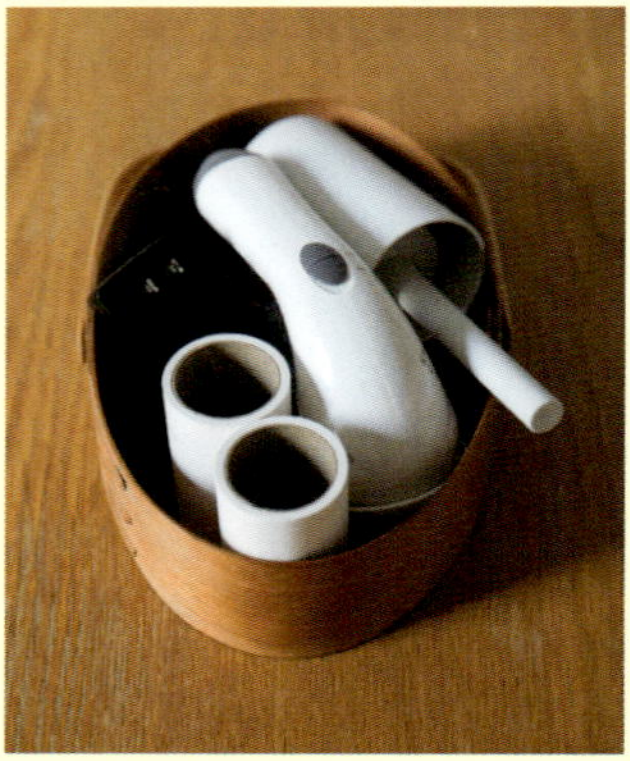

とクリーニング屋さんにおまかせしています。

靴は少々すり減ったな、と感じたらすぐに修理に出します。ちなみに新宿伊勢丹の靴売り場のお直しはとてもいい。

クリーニング屋さんも靴の修理も、それぞれ自分の気に入った場所を持つと手入れも億劫ではなくなるかもしれませんね。安心してまかせられるプロとの出会いはとても大切。

春もの、秋もの、衣替えのタイミングは？

私は三月中旬を過ぎたら基本的には冬ものは着ません。寒くても木綿や麻の重ね着で乗り切ります。それから九月の初めになったら夏ものは着ません。半袖のニットやウールの半袖や七分袖のワンピースなどたとえ暑くても秋を感じさせる服を着るようにしています。（これはもちろん住む場所などにもよりますが）

私のまわりのおしゃれさんはやはりみんなそんな感じ。

「おしゃれは気合い」だと自分に言い聞かせて多少やせ我慢しています。なので三月と九月がタイミングと言えばタイミング。前の質問でお話ししたように衣替えは簡単なので。

最低限、必要な服は
何を何枚なのでしょうか？

仕事や年齢、住む場所、家族構成……それこそ生き方それぞれで、必要な服の数も変わるもの。大切なのは持っている枚数ではなくて、自分にはどれだけ必要なのかを冷静に見つめ直す心なのではと思うのです。

でも基本的にその人が幸せであれば、無駄なものをたくさん持っていてもいいのではとも思います。

あまり情報に振り回されず、自分らしくいられればいいんじゃないかな。

去年の服というのは
古いのでしょうか？

私はまったく気にせず去年のものも、もっとずっと前のものも着ています。トレンドは特に意識せず好きなものを着たらいいのでは？という考え。

でもずっと長く着られる、という定番のものでも、やはり流行りのフォルムというものがあって、数年前のものを着るとやや野暮ったく見えてしまうこともある。

いずれにしても似合っている、というのが前提なので他人にチェックしてもらい、この服はＯＫかＮＧか判断するという作業はとても大切。

これこそまさこ流という
上手な着回しのコツを教えて。

じつはあまり着回しを考えて服を買うことはありません。スタイリストのくせにコーディネートを考えるのが面倒なので一枚で様になるワンピースが多い。

でもあらためてワードローブを見直すと、シンプルな丸首のニットと白い襟なしのブラウス、膝丈のギャザースカートは同じような形で色の違うものをたくさん持っていて、それらを組み合わせてやりくりしています。

ファーやカシミヤのストール、明るい色合いの手袋、タイツやバッグ、靴などの小物で変化をつけています。

型くずれしやすいバッグの
上手なしまい方は？

買った時に詰めてくれる薄紙などは捨てずに取っておき、バッグを使ったらまたそれを詰めて形を保つようにしています。でもエアパッキンや、使わなくなったタオルでもいいと思います。

一番美しく見える形に戻してからしまうというのが基本。

身支度をととのえる

顔を洗う。歯を磨く。お化粧をする。服をえらぶ。化粧直しをする。バッグの中をととのえる。お風呂に入る。髪の手入れをする。靴を磨く。アイロンをかける。一日の動作をあらためて書き出してみると、自分と自分のまわりをきれいに保つためにこれだけいろいろなことをしているのかと驚くばかり。ということは放っておくとどんどんきたなくなっていく……こわいものです。

私ももうあと二年で五十代。数年前からうすうす気づいてはいたものの、まさか自分が五十歳になろうとは思ってもみませんでした。ちっとも大人になりきれていないのです。そうは言っても体の方は目に見えて下降線。視力が落ちたり、肩がこったり、肌の水分が少なくなってきたりと、なかなか厳しい状態です。

街に出かけるとついついおばあちゃまに目がいきます。ああ、美しく年を重ねていらっしゃるなと感じるのは一〇〇パーセント、身ぎれいな方。きっと何年も何十年も毎日の積み重ねをおろそかにしなかったからこその結果なのでしょう。そしてそんな美しい人を見るたびに、自分に活を入れるのです。今日の努力が未来の自分を作るのだ、と。

身ぎれいを保つには努力が必要。面倒くさがらずマメに手入れをしてあげれば、いつかきっと形となって自分に返ってくる。そう信じてがんばる毎日。たとえば二週間に一度髪を切るとか、手がかさかさしてきたらクリームを塗るとか、背筋をピンと伸ばして歩くとか。まずは、すぐにできそうな小さなことから取りかかろうと思っています。

教えてください！まさこさん

3 きちんとしている印象

アクセサリーは、
どんなふうにしまっていますか？

アクセサリーはパールのピアスを大小。このふたつをローテーションでつけていて、よっぽどのことがないかぎりは、ネックレスや指輪もつけません。パールは家に帰ったらすぐにはずし、専用の布でやさしく拭いてからケースにしまいます。

娘はたくさんあるピアスをピルケースに入れていますが、これだと一目瞭然だし、旅支度も簡単です。

片方になってしまった
イヤリングやピアス、
捨てるしかないのでしょうか？

私は左に三つ、右に一つピアスの穴が開いているので片方無くなってもとくに気にせず、違うピアス同士の組み合わせを楽しんでいます。

左右別々でも髪型や服に合っていれば、おしゃれに見えるもの。捨てるなんてもったいない！

二日酔いのぐたぐたの体調を
ととのえるには？

なるべく二日酔いしない、というのは大人の大前提ですが……でもたまに羽目をはずしてお酒を飲みたくなる気持ち、分かります。

私は前日のお酒がまだ残っているな、と感じたらお白湯をたくさん飲むことにしています。食欲があればもりもりとたくさん食べます。そうしているうちに胃の中が活発になるようで（?）元気になっていくのです。

シャツをこざっぱりと着こなす工夫があったら教えてください。

清潔であること。あとはそのシャツに合った仕上げ、たとえば洗いざらしがいいとか、ぱりっとアイロンをかけた方がいいとかをTPOに合わせて見極めること。

アイロンがけはいつしていますか?

出かける前にばたばたとアイロンがけするのがいやなので、時間に余裕のある時にかけることにしています。また、原稿書きの合間とか、仕事の合間の気分転換にかけることも。ピシリとアイロンがけされたその様子を見るだけで気持ちもしゃんとします。

顔の印象を決める髪型。
さっぱり、すっきりとしているためには?

昔から、ロングの時はぎゅっとひとまとめに、ショートの時はこまめにカットに行き、顔のまわりをすっきりさせるようにしています。ここ数年ショートが続いていますが、いつでもきちんとしていたいので、カットは二週間に一度。それを言うと「男の人みたい」と驚かれますが、仕事の合間の時間をやりくりすれば美容院に行くのはさほど大変ではありませんし、何より髪をととのえると気持ちがしゃんとするものです。年齢を重ねるとお化粧に時間をかけるよりも、身だしなみをきちんとととのえる方が大切、そう思っています。

ふだんのケアはシャンプーのたびにトリートメントをして保湿を心がけています。スタイリングはオーガニックのオイルかワックスを使ってぼさぼさにならないように。私がすてきだなと思う人は清潔感を漂わせている人。そのためには自分に気を配る、自分のためにケアの時間を使うことがとても大切だな、と思っています。

新しい職場や環境で、
きちんとした人だと思われたい。

美しい所作や言葉遣いをしている人は、きちんと見えますよね。慣れない場所や見知らぬ人の中で緊張するとは思いますが、まずはゆっくり心の中で深呼吸して、物腰を柔らかく、ゆったりとした心でいるようにしてはと思います。

意外にたくさんある
下着やハンカチ。
どんなふうに整理していますか?

私はある程度の量より多くなったら処分することにしています。自分なりの量の目安をつけるとよいかもしれませんね。箪笥の引き出しにふたつ分とか。これは知人の男性の話ですが、旅に出る時、捨ててもいい服や下着を持って行く、という人もいました。旅が終わりに近づくにつれ、荷物がどんどん軽くなり、その分、旅の戦利品を詰められるから、ですって。女性となると下着を捨てる……というのはなかなかできないことかもしれませんけれどね。

バッグの中を
すっきりさせておく工夫は？

食事に出かける時はお財布と携帯電話、ハンカチ、リップグロスという小荷物で出かけます。
そうも言っていられない場合、たとえば仕事の時は、仕事ごと、用途ごとにエコバッグや小袋に分けてささっと取り出せるように。一日の終わりにバッグから中身を出して、整理するといつでもすっきり。

化粧ポーチには
何を入れていますか？

私は化粧品に関してはポーチは持ち歩いていません。バッグの内ポケットにリップグロスとハンドクリームを入れるだけ。逆に仕事でメイクが必要な時はメイク道具一式を持って行きます。つまりオンとオフがはっきりしているというわけですが、ポーチを持っていないと言うとわりと多くの方に驚かれます。逆にみなさんきちんとしていて私が驚くことばかり。エライ！

かなりずぼら。でも四月からは
心を入れ替えたい。
そんな私が自分を変えるために
アドバイスをください。

じつは私もかなりずぼらな方です。でもずぼらに見えないような努力は、少しですがしているつもり。たとえば脱ぎっぱなしの服はかごにひとまとめにしておくとか、玄関にたまってしまった靴はせめてきちんと揃えて並べておく、とか。
そりゃ脱いだ服も靴も、その日中に片づけたい気持ちはありますが、できない自分にイライラするより、時間ができた時に片づけよう、それくらいの気持ちでいる方が楽。できることから少しずつ、がいいのではと思います。

バックヤードは大切

今の家の改装で、我ながらこれはいいなぁと悦に入っているのが、リビングとベッドルームに壁を設けて作ったバックヤードです。ここに何が置かれているかと言いますと、リビングには食器と本が。ベッドルームには服と着物、それから夏なら加湿器、冬なら扇風機というような、季節によって使わないもの。

もともとは、たくさんある食器をどうしたものか？と頭を悩ませたことがはじまりでした。壁にぴったり収まるサイズの棚をオーダーしようかとも思いましたが、次に引越した先の家に、はたしてその棚は合うのだろうか。オーダーしたらそれなりにお金もかかる……。あれこれ考えた末に、もともと使っていたイケアの本棚を三つ買い足して、それをすっかり覆う壁を作ってしまおう！　そう思いついたのでした。

リビングの棚は計六つ。そこに食器と本を入れたら、あらすっきり。と同時に、リビングの一面をしめる大きな白い壁が、部屋中におだやかできれいな光を回してくれる、そんなうれしいおまけもありました。さらには、宅配便の荷物や、撮影のために用意した器が入ったかごなど、一時的にものを置く場所としても重宝しています。

多少狭くはなりますが、たくさんのものが見えている状態より、壁に隠れている方が、部屋は広々して見えるというのが私の感想。ただし、隠れるからと言ってものをどんどん増やさないよう、棚に収まりきらなくなったら、持ちものを見返すことにしています。

ここがなかったら、いったい部屋はどんなことになってしまうのだろう？というくらい私にとって必要な場所

ないなら作る棚のこと

仕事柄、台所道具は多い方だと思います。とくに鍋と、ざるやかごの類。一度、いったいいくつ持っているんだろう？と思い、一、二、三……と数えたのですが、二十でやめました。好きとは言え持ちすぎですね。それでも、この料理にはこれ、といった役どころがそれぞれの道具にあって減らすことなどできません。かさばるものが好きとは、なんて厄介なのだろうとため息をつくこともしばしばでした。

ならば、自分にぴったりな棚を作ればいいのだ。そう思ったのは、今の物件を下見した時のことでした。もともとはここ、作りつけの棚などなんにもない、がらんとしたスペース。でも、かえってその何もなさが、想像を掻き立ててくれたのです。

まずは作業台を作って、その上に棚板を配置しようかな。メジャー片手にああしてこうしてなんて、どんどん湧いてくるアイデアをメモに書き留めて。やがてできたのが、こちらの棚。すっきり見せるために棚板は白くペイントし、テーブルトップは、汚れを拭き取りやすいようにシルバーの材を貼りました。棚は奥行きがあるものの、二段目までは背の低い私でも、奥のものもさっと取り出せる高さに。なんと言っても一番の魅力は、とにかくものがたくさん入ること。だからと言って詰め込みすぎは厳禁。雑多に見えないよう、鍋の色や素材を統一。友人が「厨房みたい」と言ってくれましたが、それは何よりの褒め言葉。男前なこの棚はキッチンで一番好きな場所となりました。

リビングの棚

引越しが好き、という人は世の中にどれくらいいるのでしょう。荷造りするのがめんどくさい、とか、物件を探すのが億劫、とか。環境の変化についていくのに時間がかかるからいや、なんて人もいましたっけ。

かく言う私は引越しが大好きです。気分転換にもなりますし、何より引越しの荷造りをすることは、荷物を見直す機会にもなるからです。

この前の引越しでは、自分で思ったよりもずいぶんたくさんの湯飲みやグラスを持っているということに気づきました。たくさん持っているということは、好きな証拠。この小さくて愛らしい器を、食器棚に入れるだけではなくて、いつも目にできるといいのにな。そう思って取りつけたのが、この棚板です。

奥行き二二センチ、幅一五〇センチ、厚みは三センチほど。板だけ見ると案外細身なのですが、つけてみればご覧の通りの収納力。棚板の下には作業台も設け、壁と一緒にブルーにペイント。ずっと白い壁の家に住んでいたため、自分としてはかなり思い切った色づかいだったのですが、案外しっくりまとまってホッとしています。

時々、お酒の瓶とお酒関係のグラスをずらりと並べたり、本とお茶と茶器にしてみたりと、テーマを決めて模様替え。テーブルと椅子、ソファとワインセラーしかないあっさりとしたリビングに見せどころができてうれしいかぎりなのです。

GIN

教えてください！まさこさん

4 大きなものの収納

収納が少ない家なので困っています。家具を置くと狭くなりそうだし……

趣味は年齢やその時の気分によって変わるものですし、家によって収まるスペースもまちまち。私もなるべくクローゼットや収納の家具は買わないようにしています。

しかし棚がないとなかなか片づかない。どうしたものかと考えた末、家のあちこちに棚板を取りつけることにしました。キッチンの奥のパントリー、玄関脇の収納、リビング。これによって、かなりのものが収まりました。棚があるとものが片づくのだなぁというのは、改装した末の実感。

気持ちよいインテリアのために目標にしている場所は？

私が目標にするのはよく訪れるホテルの部屋。どこに何が置いてあるか一目瞭然で、いつもきちんとととのえられていて気持ちがいいものだなぁと訪れるたび感心します。チェックインして部屋でくつろぎ、夜食事に出かけ部屋に戻ると、また元の状態にととのえられて出迎えてくれるのです。

家で毎日そのように、とはいかないけれど、帰ってきた時に散らかっていないよう、ととのえてから出るようにすると、気持ちいいものです。

かさ張るけど持っていたいかご、たくさんあると思います、どんなふうにしまっていますか？

冷蔵庫の上や本棚の上、少しでも空きがあればそこがかごの在処です。入れ子にしたり、クローゼットの奥にしまっていた時期もありますが、見えないと使わなくなるんですよね。それでは宝の持ちぐされ。

気に入って買ったかごですもの、いつも見えるところに置いておきたい、そう思っています。

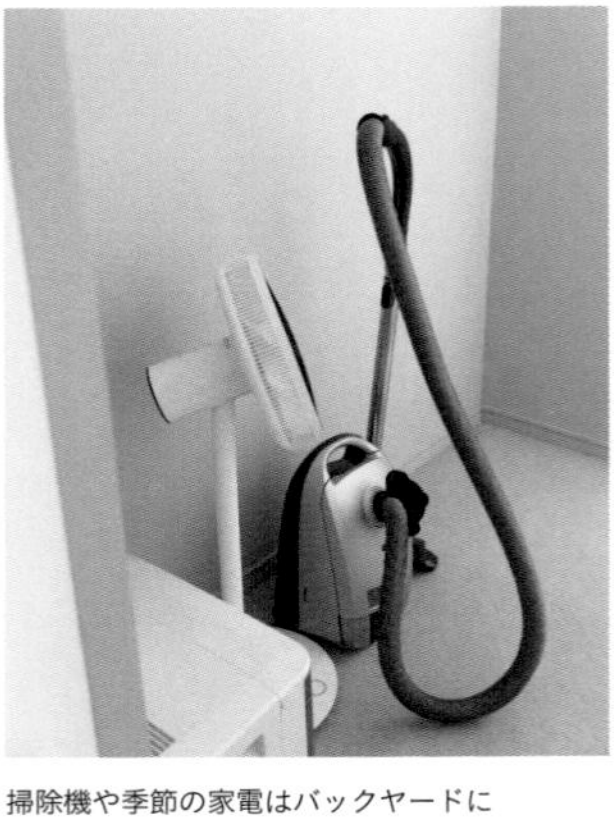

掃除機や季節の家電はバックヤードに

防災用品のしまい場所に
困っています。
持たないのは心配ですし……

我が家は防災グッズは玄関脇の収納、と決めています。非常時、さっと取り出しやすい場所にあると安心です。そのために靴や傘など、ふだん使うものを収納する場所が少々取られてしまいますが、それくらいはしないと！ と思っています。

スーツケースなど大型の雑貨は
どんなふうに片づけていますか？

スーツケースは代々リモワと決めていて、使えなくなってしまったものも捨てずに取ってあります。航空会社のシールがペタペタ貼られている年季の入ったスーツケースも旅の思い出。そう考えるとどうしても捨てられなくて。スーツケースの中には娘が子どもの頃描いた絵や紙の作品を入れたり、シーズンオフのブランケットなどを入れたり。そうしょっちゅう見ないものや、かさばるもの入れには最高なのです。

スーツケースごとに旅の思い出が。手前ふたつは今でも現役。奥ふたつは収納ケース代わりにしています

テーブルの上には何も置かない

「わー、まーちゃんちきれい！」、小学校に入学して、すぐにできた友達が初めて家に遊びにやってきた時の第一声がこのひと言でした。ふだん当たり前に暮らす家のことをそんな風に言ってもらえて、子どもながらにうれしさはあるものの、どうしてだろう？と不思議に思う気持ちも少々。でもその後、友達や親戚の家に行く機会が増えるにつれ、その理由がうっすらと分かってきました。とにかくものが多いのです。とくに驚いたのがダイニングテーブルの上に常に何かが置いてあるということ。しょうゆやソース、爪楊枝なんかが一緒になったぐるぐる回る専用の容れ物を中心に、その日の新聞、スーパーのレシート、ティッシュ、時にはランドセル……調味料は別として、そうか家の中心のダイニングテーブルはみんなの「とりあえずのもの置き場」になっているんだなぁ。

「テーブルの上にものは置かない」、「出したら、元にあった場所にしまう」、母は、口には出しませんでしたが、いつもそれを実践していました。もう体が慣れているようで、いつも自然に片づけているのです。それを見ていた私たち三姉妹もまた、知らず知らずのうちにその習慣が身についたように思います。ダイニングテーブルはもちろん、仕事机も台所の作業台も、いつもゼロの状態にしておけば、すぐ作業に取りかかれる。作業もはかどる。見た目も美しく、気持ちがいい。いいことだらけではありませんか。

でもじつは子ども心にあの調味料のぐるぐるがうらやましい時もあったのですけれど、さすがに母に「買って」とは言い出せなかったのでした。

キッチンクロスは色を揃えること

値段も手頃なものが多いしかさばらないし。そんな理由から、旅先でいいなと思うものを見つけては買っていたキッチンクロス。チェックやストライプ、刺繍入りや端にステッチがほどこされたもの、きのこ柄なんてのもありましたっけ。布好きとしては、眺めているだけでうれしい……はずだったのですが、台所道具や器が増えていくにつれて、色も柄もにぎやかなクロスがキッチン全体をゴチャゴチャした印象にさせてしまうような気がして。そこで、えいやっとすべて生成り一色にしたのが十年以上前。見た目も気分もすっきりさっぱり。以来二、三年に一度の割合で二十枚ずつ新調することにしています。

一日のはじまりは、干しておいたキッチンクロスをたたむところから。たたんだら折山を手前に向けて揃え、ガラスの器にどさっと入れます。キッチンクロスの色を揃えたら、その横に置くウェスも白か生成りに揃えたくなるのが当然のなりゆき。使い古した白や生成り色のTシャツ、シーツ、タオルを、ハサミでジョキジョキ。小さくたたんで瓶に入れ、キッチンクロスの横へ置いたら、わーますますすっきりした!「色を揃える」たったこれだけのことで、こんなにも気持ちがよくなるなんて、色の持つ印象ってすごいなぁと思ったのでした。

ところで「折山を揃える」というのは母譲り。伊藤家ではタオルやシーツなどの布ものはすべて折山が手前でした。母にどうして?と聞いたら、「だってその方がきれいでしょ」とのこと。なるほど!と子どもながらに感心したことを覚えています。本当にちょっとしたことなんだけれど、家事ってこのちょっとしたことの積み重ねなのですよね。

数年に一度、総取っ替えするリネンのキッチンクロス。いつでも清潔にピシリとしておきたいものです

こまごましたもの

散らかる原因は、ものの落ち着き先が決まっていないから。ならば決めればいい。これはここ。あれはあそこ。すべてのものに場所を設定し、そこから出したら、すぐにしまう。そうすれば部屋は散らからない……とは言え忙しい毎日。分かってはいるけれど、そんなに毎度きちんきちんとできないもの。日頃、片づけを心がけているつもりでも原稿がたまったり撮影が続いたりすると、なんとなくおざなりになることがしょっちゅうでした。服はクローゼット。食器と本はリビングの専用棚。食材も台所道具も、専用の棚を作り、大まかなものの行き先は決めました。すると次に「どうしよう」となるのが、こまごましたものの収納です。ネイルは？　靴磨きの道具は？　とんかちや釘などの工具は？　クリップは？　ヒモはどうするの？　考えだすときりがないけれど、ここでちゃんと自分の家の中を見直さないといつまでたっても片づかない。

そこで今持っているかごや瓶などにまずは仕分けして、それぞれにぴったりな入れものを探すことにしました。まず決めたのは、とりあえずでものは買わないということ。それから、多少使いづらくてもデザインのいいものを買おうということ。ちょうど、決心と重なるように北欧を旅行したのも幸いし、見つかりましたよ、ぴったりなものが。まずマニキュア。この木の箱はいったい？と思う方もいるかもしれませんが、じつはこれ、スウェーデンの救急箱。ここにネイル、除光液、爪切りなどのお手入れセットを収めてやれやれ。ここからはみ出すほどはもう買わないことにしました。その他の落ち着き先は六〇、六一ページをごらんあれ。ちょっと男っぽいものえらびだったのが自分でも意外な展開でした。

CENTRALGARAGET

箱いろいろ

PASTRY SHOP
ROZA
CAKES AND COOKIES
CHOCOLATES
NO.2 2CHOME KOJIMACHI
CHIYODA-KU TOKYO
TEL (3261) 2971
TOKYOSKYTREE

「実家の大掃除を手伝ったら、使わなさそうなお菓子の空き箱やら店の紙袋やらがごっそり出てきて、びっくりしちゃった」というのは同い年の友人。なんとその時は段ボールに五箱ものゴミが出たのだとか。そしてさらに驚くのは、ご両親が捨てたことに気づかなかったこと。「もったいないから取っておくらしいんだけど、それにしてもねぇ」とため息を漏らしていました。

空き箱や空き缶が気づくとたまっているという、その気持ちよく分かります。私がとくに目がないのは、クッキーなどのお菓子が入った缶の類。店名が入った昔ながらのデザインや、逆にびっくりするくらいシンプルなもの、どれもこれも缶を見ただけで味やおいしそうな匂いが思い出されるものばかり。時々、缶が欲しいばっかりにお菓子を買うこともあるくらいですもの、たくさんあるからといって捨てるなんてこと、できるわけもありません。お裁縫箱にしようか、名刺入れにしようか、それとも葉書入れ？ 思いつくかぎりの使い道を考えて入れてはみたものの、あれ？ まだまだ余ってる。他のものはたまると思い切って手放すことができるのに、なぜだかこれにかぎってはだめみたい。人にはそれぞれ譲れない（でも人にはあまり分かってもらえない）自分だけのコレクションがあるけれど、どうやら私のそれは空き缶のようなのでした。

時々、持っている缶を全部、並べてしげしげと眺めてはひとりでにやり。片づけもいいけれど、なんだかこういう余分みたいなものがあってもいいんじゃないかなんて思うのでした。

缶同様、きれいな空き箱も捨てられない。右ふたつは和菓子、左はピクルスの瓶詰が入っていました

教えてください！ まさこさん

5 あんなもの こんなものをきちんと

テーブルの上に置いてあるものは何ですか？

さあ、手紙を書こう。さあ、ごはんを食べよう。そんな時に、テーブルの上に何か置いてあるとまず片づけが必要になってしまいます。どうせ片づけるならば先にした方がよくはありませんか？

朝起きたら顔を洗うというような毎日の習慣の中に、テーブルに置いたものはすぐに片づける、も加えてしまえばいいのでは。

テーブルの上に何もものがない風景はすがすがしくてよいものです。

ソファの上や棚の上はすぐにもの置きになってしまうのです。

これもテーブルの上に何も置いていないのと同じで、片づけることを習慣にするしかないですよね。

何も置いていない状態が気持ちいいと感じているならば、きっとできるはずです。

昔の写真やいただいた写真、どんなふうに片づけていますか？

実家に預けています。時々そのアルバムを見返すと、やはりアルバムっていいものだな、と思う。

思い出のものって、ひと口に「整理」で片づけられないから難しいですね。

スマホにたまった膨大な写真をどうやって整理すればいいか、頭を悩ませます。

ということは携帯電話で撮っている、ということですよね？ もしくはデジタルカメラ？ 私は一カ月に一度ほど、パソコンに取り込んで携帯電話の中はからっぽ、という状態にしています。パソコンがいっぱいになったらCD-ROMなり、USBメモリなりに保存。と言っても、私もパソコン関係のことはよく分からないのでなんとも言えないのですけれどね。

念のためiCloudなどを利用して二カ所に保存しておく、という人もいますが、私はなくなったらなくなったで、それもまあいいやと今の方法に落ち着いています。

いつのまにか郵便物がたまって片づきません。

とくに忙しい時でない限り、その日に来た郵便はすべてその日に開けます。そして必要なものと不要なものに分け、不要なものは資源ゴミに。

私も前はついついためてしまって……ということがありましたが、すぐに開ける習慣がついてしまうと、そんなに苦ではなくなりますよ。

「郵便物は二、三日中に開ける」などルールを決めるのもいいかもしれません。

DMや小さな書類、雑誌や試供品、どんなふうに処理していますか？

「とりあえず」の置き場所を作らないことだと思います。手紙やDM、雑誌が届いたら、すぐに開封して、取っておきたい手紙は手紙用の箱へ、気になるDMはスケジュール帳へ、雑誌は雑誌専用のかごの中へ。

DMは訪れたり、または期間が過ぎたら、雑誌はかごがいっぱいになったら処分します。

試供品は基本的に、もらわないようにしていますが、好きなブランドの新製品などはやはり試してみたいもの。その場合は旅行用のポーチに入れて旅先で使うことにしています。

とにかく、ものの場所を決めておき、「とりあえず」の場所を作らないこと。

こまごましたもののまとめ方を教えてください。

まずは「新聞・雑誌」「スキンケア」「お裁縫セット」「ネイルケア」「文房具」「工具」などをカテゴリーごとに分けて、気に入った入れものに入れ、定位置を決めてはどうでしょう？

私の場合、雑誌は三つある本棚の一番右の空いているスペースへ、スキンケアは持ち手つきのかごに入れてバスルームの収納へ、お裁縫セットはシェーカーボックスへ入れクローゼットの中へ、ネイルケアのセットは北欧で求めた救急箱へ（五五ページ）、文房具は気に入りのテキスタイルのペンケー

北欧のマーケットで見つけた救急箱を工具入れに

右と同じ店で見つけた持ち手つきの缶には靴磨きセットを

スへ、工具はヴィンテージの救急箱へと、それぞれ「これだ」と思う気に入りのものに入れ、使いやすく取り出しやすい場所に収納しています。

　好きな入れものでしたら、多少その中がごちゃごちゃしていても、それほど気にならないのでは？


安全ピンや画びょう、クリップ。細かいものの収納は？

　気に入ったジャムやお菓子などの空き瓶や缶を取っておき、大きさに合わせて収納しています。クリップはフランスのジャム瓶、画びょうはマスタードの瓶、安全ピンはあめの缶……こんな具合に。

暗証番号はひとつにするな、とよく言われます。暗証番号の整理方法を教えてください。

　つい先日、カード会社から一本の電話が。

　なんだろう？と思って出てみれば「お客様、ただ今アメリカにご旅行中ではないですか？」とのこと。

　びっくりして「いいえ」と伝えると、「そうですよね、本日、何回かにわたってお客様のカード番号が使われています」と言うのです。

　こういう話、テレビや雑誌の中だけのことと思っていましたが、まさか自分の身に降りかかろうとは。カード会社の素早い機転で難は逃れましたが、その後、新しいカードがくるまでカードが使えなかったり、引き落とし先に連絡をしたりと何かと面倒なことになりました。

　というわけで、それから何かにつけて疑心暗鬼な毎日。じつは暗証番号はひとつに決めていたのですが、それはかなり危ないと感じ、いくつかの番号に振り分けることにしました。

　けれどもずっと同じ番号を使っていたので新しい番号をすぐに忘れてしまうんですね。メモを残してあるものの、それを常に持ち歩くのも危険。ああ、どうしたらいいの？という状態になっています。

　友人に調査してみたところ、実家の電話番号という人や、恋人の生年月日にしているという人もいて、なるほどそれなら忘れないし予想もつかない番号だわ、と思わず膝を打ちましたが、それでも皆それぞれ苦労はあるみたい。悩ましい問題ですねぇ。

仕事道具のスマート化

十年以上前から仕事机を持っていません。ではどこで原稿書きなどをしているかと言いますと、リビングのテーブルや壁に作った作業台。時にはソファ脇に置いた小さなテーブルの上で。専用の仕事机があったら便利なのは分かるけれど、あるとその上が乱雑になってしまう、というのが持つのをやめた理由です。その際、パソコンはデスクトップからノート型のスマートなものにし、ペン立てをやめペンケースに、と仕事にまつわるこまごましたものをとことん小さくまとめました。

一日のはじまり、まずは玄関脇の事務関係のものをまとめて置いている棚からパソコンや仕事の資料を取り出して、テーブルで作業開始。仕事終わりの五時までは、ここを完全な仕事場所にし、終わったらまたすべて元の場所に戻す……という流れ。時々、「面倒じゃない？」と聞かれることもあるけれど、そういうものだと思ってしまえば案外苦ではないし、むしろその方が仕事の終わりが見えて気が楽。私の性に合っているのです。

仕事道具のスマート化は、その後さらに進んでいます。まずはパソコンのルーターをやめ、ポケットワイファイに。電話も携帯電話だけにし、移動の時に重宝していたiPadもやめました。

あると便利なものがなくなったことで得たものは、軽やかさ。それは見た目だけでなく、自分の気持ちにも通じること。ゆくゆくはもっともっと荷物を減らして、さらに軽やかになっていきたいものだなぁと思っています。

充電器やポケットワイファイは、古道具屋で見つけたこのかごの中へ

なんでもファイル分け

さあ出かけよう。靴も履き、準備万端で玄関から出るばかりになった時に、うっかり忘れものに気づくことありますよね。そんな時、私は靴のまま部屋に入って忘れものを取り、何事もなかった顔をして出かけます。片づけのことをあれこれ言っているわりに、じつはかなり大ざっぱな性格。私のことをよく知る人たちからは「ていねいなのか雑なのかいまいちよく分からない」。そんなことを言われています。

その最たる例がファイル分け。ファイル分けというと、さぞかしきちんと……と思われそうですが、じつはこの中、かなりざっくりしています。全部で二十冊ほどあるファイルはそれぞれ、現在進行している連載、単行本などの仕事のものにはじまり、その他、取扱説明書、名刺、保険、出版契約書、中にはおいしいもの、なんていうのも。

写真は二年ほど続いている手土産の連載のファイルですが、中は連載ページはもちろんご協力いただいた店のパンフレット、その時のメモ、包み紙、ヒモやリボンにいたるまでが、いっさいがっさいごそっと入っています。時々、見返して整理するようにはしているものの、基本的には大ざっぱに入っているだけ。きちんと入れようと思うと、後回しになってしまうので、とにかくすぐファイル分けすることにしているのです。

二十冊あるうちの中身すべてがこんな調子ですが、とにかく分けておくだけでも、ずいぶん楽。探しものがあったとしても、カテゴリー分けされたファイルの中をがさごそするだけで、たいがい見つかります。ざっくりファイル分け、かなりおすすめですよ。

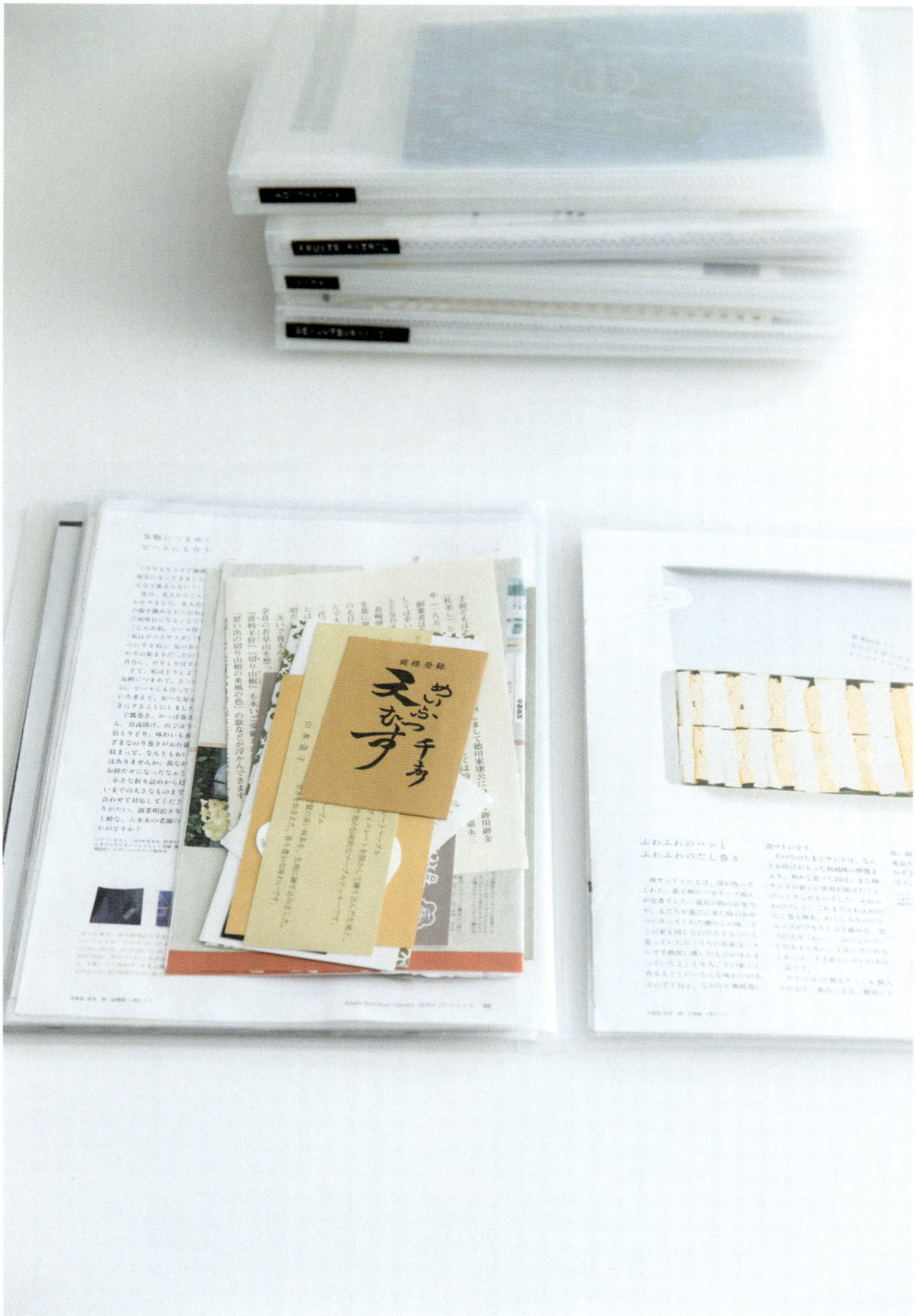
商標登録
めいふつ 天むす 千寿
ふわふわのパンと
ふわふわのだし巻き

教えてください！まさこさん

6 デスクまわりをすっきりと

学校関係の書類、仕事の書類、しまい込むと出てこなくなりそう！

紙ものはすべてファイルに入れています。仕事のファイルが十冊ほど、名刺の入ったファイルは五冊、保証書、契約書……などなど。その中に学校のファイルが一冊あり、もらったものから順番に入れておきます。こうしておけばなくなってしまった！なんてこともなく安心。

ゆるゆる、ぐずぐずをやめて、ピシッとしたい。

「新幹線や飛行機ができて、速くて便利になったというのに、それに比例して人はますます忙しくなっている気がします」。これは先日、ある人と話をしていて目からウロコだった話。そういえば前だったら携帯電話もなかったしメールだってできなかった。便利になってよいところはいろいろあるけれど、時々そのスピードについていけなくなる時があります。

ゆるゆる、ぐずぐず、いいではないですか！ きっとそれは体や心が求めていることだと思うのです。時には自分を甘やかすことも大事。甘やかした後は、また元通り働けばいいのです。

身辺整理が悪いせいか、いつも忘れものをしてしまいます。

私も歳を重ねるごとに忘れものが多くなってきたような気がします。忘れてしまうんだからしょうがない、とじつは諦め気味。

出かける時に最低限必要なものさえ持っていればそれでいいと、最近は少々開き直っています。ふだんだったらお財布、携帯電話。旅では、パスポート、カード、現金を少々。

これさえあればとりあえず大丈夫！という最低限持ちもののリストを頭の中に作っておくといいのかもしれません。

**仕事が山積みに。
どうしたらいいのでしょう？**

毎日、しなくてはいけないことが山積み。ひとつひとつこなさなくてはならないのは分かっているけれど、なかなか思うようにできないのが人というもの。私も、あの人に連絡をしなければ、撮影の準備をしなければ、原稿の締め切りも迫っている！　ああ……と思っているうちに時間だけが過ぎていく、なんていうことはざらです。

時々、途方に暮れてしまうこともありますが、自分の代わりは誰もいません。自分でなんとかするしかないのですよね。

そんな時はまず部屋の隅々まで掃除をして、気持ちをしゃきっとさせます。次にお湯を沸かして、お茶もしくはお白湯をゆっくり飲みます。そのまま少しだけ目をつむり、慌てた心を落ち着かせます。そして、まっ白な紙にしなくてはいけないことを書き出します。

原稿を書く、打ち合わせの準備、お礼状を書く、撮影のための食材買い出し、明日からの旅支度、シャツのボタンつけ、アイロンがけ、台所のスポンジを買う、銀行へ行って振込み……

たとえば先日の私のメモはこんな風。どんなにささいなことでも書き出して、優先順位をつけ、できるところから手をつけていきます。終わった用件はペンで消して。すべて黒い線で引かれた紙を見るとなんとも言えぬ達成感。心が晴れ晴れとします。ぜひお試しあれ。

**いろんなことが一度に起こると、
頭がいっぱいいっぱいに。
冷静になるコツは？**

まずは落ち着くこと、ではないでしょうか。子どもと遊ぶでもいいし、本を読むでもいいし、散歩をするでもいい。自分にとってリラックスできることとは何だろう？と考えて、それに集中すること。

私の場合はそれが料理です。ただ目の前にある素材を切ったり焼いたり煮込んだりしていくうちに、ざわついていた心がすーっと落ち着いていくから不思議。

頭がいっぱいになるのはだれにでもあること。そんな自分を責めるのではなく、いったん忘れることも大切です。

**きちんと分かりやすく
お話しするには？**

頭に思いついたことをすぐに口に出してしまうので、まったくもって支離滅裂です。トークイベントなどでは終わった後、いつも反省することしきり。

それでもひとつだけ気をつけていることは、それ以上でもなくそれ以下でもない、自分の正直な気持ちを伝えよう、ということ。相手の目を見てていねいに話せば、支離滅裂でも分かってもらえる……のではないかしら？　そう思っています。

玄関は家の顔

この家を借りた時、まずどうしようかと考えたのが玄関でした。当初、学校の廊下のような床材が敷いてあってなんだか味気ない印象だったのです。でも玄関は家の顔だもの、せっかくだから気に入ったものに張り替えよう、そう決意。サンプルを見たり、友人知人の家の玄関の様子を思い出したりしながら考えぬいた末、サイザルを敷くことにしました。長年続けてきた玄関の拭き掃除はできなくなりましたが、なんと言っても自然が持つ素材の味わいがとてもいいこと、それから玄関に続くリビングや廊下のフローリングと相性がよいことから、ああこれだったら気持ちのいい玄関になるな、そう思ったのです。

結果は上々。椅子やスツールを置いたり、陶器のフックを取りつけたり、ハンガーや靴べらを掛けたりして、よし、これなら。そう思える場所ができあがりました。

家に帰るとまずは鍵をいつもの場所へ。それからバッグを椅子に置き、コートの埃を取り払い……ここでいったん気持ちを落ち着かせ、家の中へ入ることでオンからオフへ気持ちが切り替わる。また逆に、オフからオンへの切り替えもこの場所で。よし行ってくるぞという気分になるのです。

当初、汚れが目立ったらいやだなとか、掃除はどうしよう？　などと心配していたこの素材でしたが、掃除機をかけるだけ、とびっくりするほど手間いらず。でこぼこした風合いだからか、汚れも目立たないのです。気に入ったものにすることによって愛着も湧き、前にも増して、靴の整理整頓も心がけるようになったんですよ。

小さなアートを

器にはじまり、テーブルや椅子、ソファなどの家具、鍋や包丁、木べらなどの細かい台所道具にいたるまで、妥協せず、少しずつ少しずつ気に入りのものを揃えてきました。私が好きなものはとても単純で、シンプルなもの。なぜシンプルなものをえらぶのかというと、これもまた単純な理由で、それが自分に一番しっくりくるからなのです。家は私にとって、くつろぐ場所。あえてそこにデザイン性の強いものや、絵やオブジェはいらない、ずっとそう思って、いや思い込んでいました。ところがある日、旅先で訪れたギャラリーで、この女の人のオブジェを見た時、本当に不思議なのですが、欲しい、家に置きたい。半秒後にはお店の人に、これをください、そう告げていました。

家に帰ってテーブルの上に置くと、とたんにその場の空気が変わりました。なんて言うか、ぽうっと小さなろうそくを灯した時のようなおだやかさを感じたのです。それとともに家族や好きな人といる時に感じる温かい気持ちにもなったのでした。

このオブジェがきっかけとなって、今まで目がいかなかった絵皿や版画、作家が作った置きものなどを少しずつ買うようになりました。自分のものにするとすぐに部屋のどこかにポンと置いてしばらく眺めます。どれもがすぐに部屋に馴じむのですが、かと言って存在感がないかと言うとそうではない。それがあるのとないのとでは部屋の様子はまったく違うのです。中には量産されているものもあるので「アート」とは呼べないのかもしれないけれど、私は「小さなアート」そう呼んで、愛でています。

椅子を張り替える

写真左の椅子は私が子どもの頃、実家で使っていたもの。建て替えとともに家具も新調するから捨てようと思うの、と母が言うので、ちょっと待ってと五脚あったうちの二脚だけ譲り受けることにしました。座面と背もたれの革はぼろぼろ。木の部分もはげかかっていて、そのままでは使えそうになかったのですがフォルムがすてきだし、なんと言っても家族の思い出がたくさん詰まっているこの椅子を捨てるのがしのびなかったのです。そこで家具屋の知人にお願いし、布を張り替え、塗装を剥がしてオイル仕上げをしてもらったら……見違えるくらいピカピカに生まれ変わりました。もともと持っていた北欧の椅子との相性もなかなかで、本当に捨てずによかったとホッ。

これにすっかり気をよくした私が次に取りかかったのは、オットマンの張り替えです。写真右の座面は、もともと敷ものとして売られていたもの。グレーの色合いと不揃いな毛並みを見たとたん、これに足を置きたい、そう思ったのです。厚みがあるから難しいかもと言われましたが、そこをなんとかとお願いして、やがてできあがってきたのがこれ。ひとり掛けのグレーのソファにぴったりなふかふかのオットマンは、そこにあるだけでぬいぐるみがいるみたい。温かいだけでなく見た目にほっこりするものができて大満足なのでした。

ものの量を見直したり捨てたりして、すっきり暮らすのもいいけれど、時には今あるものに手を入れてリサイクルするのもすてきだなぁ。ちょっと見方を変えれば新しい何かが生まれる。私の中に新鮮な風をもたらせてくれたできごとです。

どんなものでも手を抜かないものえらび

スタイリストをしているとよく、ものえらびについて尋ねられます。みんな、どんなものを買っていいのか分からないんですって。そんな時、私はこんな風に答えます。自分にとっての、なんだかいいなっていう感覚をもっと信じた方がいい、と。見た目に好ましく思うかどうかとか、触った時の感じとか、重みの具合とか、時には匂いとか。そんなものを大切にしながら、ひとつひとつていねいにえらんでいったら、やがては好きなものだらけの部屋になるんじゃないかな、と思うのです。

私のものえらびは、すべてこの「好ましく思うかどうか」で決まります。たとえばこのテープカッター。ずしりと重いから片手でもテープが切れる。色がいい。そして何より姿がくじらみたいでかわいいよね。と、こんな具合。重さは人によって敬遠される原因のひとつになるかもしれないけれど、私にとってはこの重みこそがテープカッターえらびにおける大切な要素。何が自分にとって大切かこそが重要なのです。

長年探していた理想のテープカッターが見つかってから一カ月後。今度はヘルシンキの郵便局でテープカッターに似た色合いのはさみを見つけました。刃物で有名なフィスカルスという町で作られたはさみで、切り心地抜群。切った時はもちろん、その後、刃物を定位置に戻す時でさえなんだかいい感じ。テープカッターとはさみがテーブルの上に並んだ姿はきりりとしていてかっこよく、出会うべくして出会ったんだな、なんて思ったりもしてしまいます。こんな時、私はこう思うのです。ものえらびに妥協は禁物。どんなものでもひとつひとつ、ていねいにってね。

教えてください！ まさこさん

7

お片づけから インテリアへ

実用とインテリアのアクセントを兼ねているものがあれば、教えてください。

ずっとドアストッパーが欲しかったのですが、ゴム製のものを使うのがどうにもいやで。ところが二年前に訪れたパリの蚤の市で、古い鉄製のアイロンを見かけ、あ！　もしかしてこれならドアストッパーになるのでは？と。

持ってみるとずしりと重く、一瞬躊躇しましたが、がんばってふたつ持って帰りました。部屋に置くとすぐに馴じんで、買って帰ってよかった……としみじみ。

お気に入りの写真や絵を飾る時に心がけていることは？

絵や写真を飾る時は、さりげなく、を心がけています。

改めて自分の持っている絵やリトグラフを眺めてみると、色合いが強いものは小さめ、大きな作品は白っぽいものが多い。それはきっと部屋の中で主張しすぎない作品を、知らず知らずの間にえらんでいるからなのかもしれません。

私にとって部屋は作品を飾る場所ではなくあくまでもくつろぎの場。絵や家具やカーテン、壁、床の色……、すべてに調和がとれた落ち着いた空間作りにしたいものだと思っています。

好きなものを並べる空間のルールを教えてください。

これといったルールはじつはそんなにないのです。強いて挙げるとしたら、「種類を揃える」ということくらいでしょうか。

たとえば我が家のリビングのブルーの壁。ここは最初からガラスを見せるための棚板をつけようと思って改装に取りかかりました。作家の作品や旅先で買い集めたグラス類が食器棚に収納しきれなくなったことがきっかけだったのですが、もともと好きなガラスをなんとかしていつも見ていられないものかとずっと思っていたのです。透明感のあるガラスだったら見せる収納でも圧迫感がないかしら?とも。棚板を取りつけてからもグラスは増えていますし、隣にワインセラーがあることから、常温で保存できるお酒類もなんとなくここに集まるようになって、最初に比べるとかなりものは増えましたが、「グラス」と「お酒」しか置いていないので統一感は出ているような。

娘の部屋の古いキャビネットには彼女のお気に入りのぬいぐるみや陶器製の動物の置きものがずらりと並んでいますが、不思議とごちゃごちゃした印象がないのは「好きなもの」で統一されているからかもしれませんね(一一五ページ)。たとえば「色」、たとえば「旅」など、大まかなテーマを決めてものを置くといいと思います。

時計やゴミ箱やカレンダー、
あると便利だけど、かっこ悪い。

カレンダーは置かず、スケジュール帳のみ。ゴミ箱はキッチンと寝室以外には置いていません。そのつど捨てに行けばそれで済むことなのであまり不便は感じていないのです。

一年前まで時計もなかったのですが、シンプルで美しいデザインのものを見つけたので、今はそれをリビングに。デンマークの鉄道に採用されたというアルネ・ヤコブセンデザインのステーションクロック、なかなかいいですよ!

ピアスなどちょこっとしたものを置くための絵皿

鏡はどちらとも北欧のヴィンテージ。少しずつ気に入りを揃えました

陶器の入れものには鍵を、手前の木製の箱にはスペアキーとハンコを入れて玄関に

木製のトランクは映画用のプロジェクター入れに

ととのって見えるような
ものの置き方は？

テーブルやソファなどは少し曲がっているだけで、どことなく落ち着かない印象になるもの。水平垂直を保つとすっきりします。

　クッションはへこんだままだとだらしなく見えてしまうので、パンパンと叩いて整然と並べるとよいのでは。

　ひざ掛けもきちんとたたんで肘掛けにかけるだけで、ずいぶんととのった表情の部屋になるはずです。

いつも好きなものを見ていたい。
そういうものは
どこに飾りますか？

　じつはその時々で少しずつ気分は変わるものの、持ちもののすべてが好きなもの、なのです。ですので特定なものを飾るというよりは、クローゼットを開ければ好きなハンガーと好きな服が、キッチンの扉を開ければ気に入って使っている台所道具が並んでいる、そんな状態なのです。

　ついつい隠したくなってしまうものを買うならば、不便を我慢してでもとことん気に入ったものを買いたい。少しずつそうしていくことによって、好きなものばかりに囲まれた暮らしに。ストイックなようですが、とても気分よく過ごせますよ。

いらなくなった本のゆくえ

我が家の荷物は大まかに分けると三つ。ひとつは器と台所道具、ひとつは服と靴、そしてもうひとつが本です。本作りの仕事をしていると、関わった仕事の掲載誌が届くことも頻繁ですし、担当編集者や友人から「こんな本、作りました」なんて献本をいただくことも。ほぼ毎日一冊、多い日は三、四冊届くことを考えると月に五十冊は届く計算になります。自分で買うのが少なく見積もって月に二十冊くらい。……と考えると年に八百、九百冊の本が、新しく増えているということ⁉　なんだかいつも本の整理に追われているなぁと思っていたけれど、それもそのはずです。

それぞれの本に思い入れはあるものの、すべて取っておいたら家がつぶれちゃう。思い立った時、心を鬼にして整理することにしています。まずはすべての本に目を通してから、取っておくものと手放すものとに分けます。次に、取っておくものは、「料理」や「小説」「エッセイ」などカテゴリー分けした棚に収めていきます。手放す方はかごに入れ、撮影や打ち合わせなどで家に来た方に持って行ってもらうことに。この「どうぞご自由にコーナー」はなかなか好評で「今日はないんですか？」なんて期待してくださる人もいたりして。せっかくの本。私としてもあの人が持っていてくれるなら、という安心感もあるし、その後、感想を聞かせてくれる方もいて、それがすごくうれしい。手放したらそれで終わりというのではなく、循環しているところがいいなぁ、そんな風に思っているのです。

本のある生活

友人の家に行くと、なんとはなしに目がいってしまうのが本棚です。へー、こんな本を読んでるんだ！なんていう意外な発見や、案外捨てられない性格なのね、という気づき。ふだん会っているだけでは想像できないいろいろがうかがい知れて、なかなかおもしろいのです。時々、まるでここはギャラリーですか？という「見られる」ことを意識した完璧な本棚の人もいたりして、それもそれで見ていて楽しい。

さて私はどうなのかというと、カテゴリーごとに分けてはいるものの、ひとつの棚に「料理」とか、ひとつの棚に「小説」といったきちんとした感じではなく、境目はあいまい。ひとつ気をつけていることと言えば、本の背を棚の手前にぴしりと揃えるくらいでしょうか。こうするだけで整理整頓が行き届いているように見えるし、何より読みたい本がすぐに探し出せてとても助かっています。

写真は料理のエッセイを並べた本棚の一角。こうして眺めてみると古い本が多いことに気づきます。古本屋で手に入れたものもありますが、半数以上は二十年、三十年と持っていて知らず知らずの間に古くなったもの。何度読んでも、またいつ読んでも新鮮な発見があるこれらの本は、私の宝みたいなもの。新陳代謝が激しい我が家の本棚の中では、ずしりと腰を落ち着かせた珍しい存在でもあります。

さて。八四、八五ページでは、本棚以外に置いている本をご紹介。リビングにもベッドルームにもキッチンにも。本のある生活っていいものだなぁ。

落雁
らくがん
徳力彦之助著
三彩社
めし・みそ・はし・わん
宮本常一著
旅の鞄
丸山太郎
石井好子
巴里の空の下オムレツのにおいは流れる
暮しの手帖社
京暮し
大村しげ
暮しの手帖社
いいもの見つけた
高峰秀子
ふたりの
シャンソンと料理
愛情生活
荒木陽子
作品社
にんげん蚤の市
高峰秀子
むかしの味
池波正太郎
新潮社
食の社会学
加藤秀俊
豆腐料理
土を喰ふ日々
水上勉
文化出版局
PARIS・BANLIEUE
EDITIONS A. LECONTE
山本直文
フランス料理用語辞典
仏和
白水社
フランス料理を私と
伊丹十三
文藝春秋
聡明な女は料理がうまい
桐島洋子
わたしの茶の間
沢村貞子
光文社
私の浅草
沢村貞子
私の台所
沢村貞子
暮しの手帖社
調理場という戦場
「コート・ドール」斉須政雄の仕事論
斉須政雄
台所のおと
幸田文
木をかこう
北海道新聞社編
MAKINO
SVENSKA TRADITIONER
ORDALAGET
雪と太陽
横田祐介スキー写真集
日々の野菜帖
高橋良枝
ワインが知りたくて
増井和子
懐かしくても色褪せない。至福のワイン紀行!
駿河台出版社
かぼちゃを塩で煮る
牧野伊三夫
幻冬舎
君がいない夜のごはん
穂村弘
NHK出版
浅野陽
酒呑みのまよい箸
文化出版局
和飲物語
松本延昌
洋食や
茂出木心護
中央公論社
シェリー、ポート、マデイラの本
明比淑子
小学館
京暮し
大村しげ
暮しの手帖社
美味しいコーヒーって何だ?
オオヤミノル
新時代のコーヒー読義
飲み食ひの話
獅子文六
Home-Made
CONTEMPORARY RUSSIAN FOLK ARTIFACTS
VLADIMIR ARKHIPOV
FUEL
美味放浪記
檀一雄
中央公論社
キッチン
吉本ばなな
The Savoy Cocktail Book
PAVILION
ELSA'S ROSE

家のあちらこちらにも本

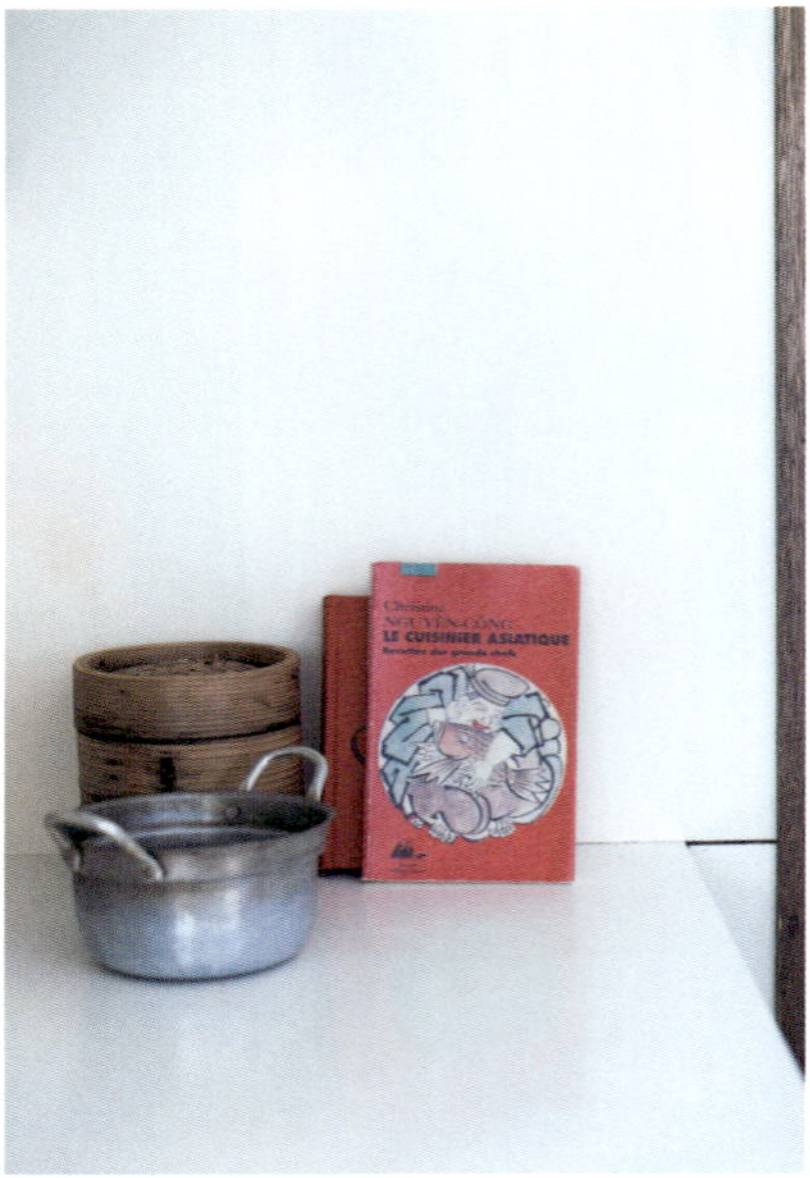

キッチンに置いているレシピブック。これを見て料理をするわけではなく、あくまで飾る用

ソファ脇のスツールには読みかけの雑誌を

ベッド脇に置く本は、見ていて美しくすこやかな眠りに誘ってくれるものを

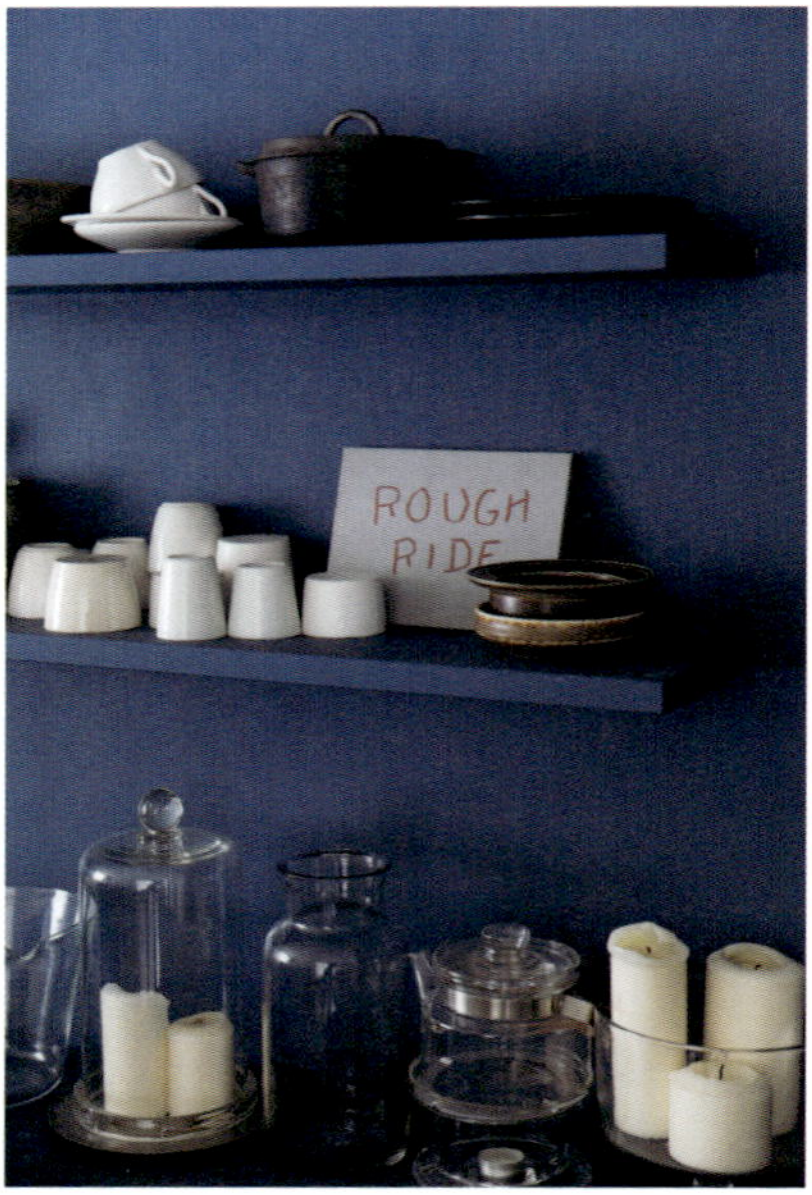

ブルーグレー壁にはグレーの布張りの本がぴったり

畦地梅太郎の画集をリビングに。大きめの判は絵の代わりにもなります

教えてください！まさこさん

8 本と一緒に暮らす

本の大きさは意外にまちまち。きれいに収納する方法を教えてください。

リビングには本棚を横並びで三つ置いていて、食まわりのエッセイやレシピ本、漫画、文庫本、写真集や画集など気に入りの本を並べています。当然大きさはバラバラですが、棚板を調節して大きさごと、または著者ごと、それから自分なりのルールに沿って分類。

文庫などの小さな本は奥行きの空きがもったいないので、気に入ってはいるけれど、あまり読まない本を奥に置いています。

よく「分からなくならない？」と聞かれますが、何がどこに入っているかすべて把握しているので大丈夫。著者ごとにきっちりと分けている知人もいますが、私はこの自分なりの大まかなルールが合っているようです。

床に本が積み重ねられているのもいいなと思います。究極の積読とは？

私の場合は本棚に入りきらない本を積み上げているだけなので、「かっこよく」とは少し違うような気もしますが、ひとつだけ気をつけているのは積み上げた本の一番上は好きなデザインの本を置く、ということ。こうすると見た目にかなりすっきり、そして少しかっこよく見えます。

装丁が好きな本を見せながらしまっておくには？

ベッドの横に置いた椅子の上やリビングのテーブル、時にはキッチンの鍋が並ぶ棚……すぐに読む予定がなくても、装丁が好きで買った本は家のあちこちに置いて、その佇まいを愛でています。

うっかりすると増え続ける本。どんなタイミングで整理整頓していますか？

本棚の横のサイドテーブルが新しい本の定位置。そこがいっぱいになると本棚の中の本と照らし合わせて、どれが必要でどれが不要かを考え、整理します。時々そのテーブルからはみ出して床に積み上げることになる場合もありますけれど……

時々、窓際の床にぺたりと座って読みふけってしまうこともある落ち着く場所

旅行で出かけた先のガイドブック、
また行くかしらと思うと
捨てられません。

好きな国には一年に二度三度と行くので、その場合は処分せずに取っておき、次回もまた持って行くことにしています。けれども何年かたつとその国の様子もずいぶん変わってくるもの。場合によっては通貨が変わっていた!? なんてこともあるのでやはりできるかぎり新しい情報が載っているものがいいですね。

　私はガイドブックはどこそこの、と一種類に決め、すべて紙でカバーをしています。友人知人の出したガイドブックはすてきな装丁のものが多いのでそのままに。ハンガーや食品の保存容器にも言えることですが、一種類に揃えると美しく見えるのです。

　ガイドブックとは別に旅のエッセイなどはいつ読んでも自分の中に新しい風を運んでくれるので、古い新しいは関係なく好きな本はずっと手元に置いています。

茶紙でカバーすることで雰囲気が統一される

子どもがよく読んだ本は、
どうしても捨てられません。

　私も捨てられません。子どもが好きだった本を見返すのは、写真を見返すのと同じような気持ちになるから。母も同じだったようで、今でも実家では私が子どもの頃好きだった本を捨てずに取ってくれています。ありがたいなぁと見るたびにしみじみするので、できるかぎり私も娘にはそうしてあげたいと思っています。

料理レシピ集は
どんなふうに置いてますか？

　レシピ集は料理する時のヒントにすることはあっても、本を見ながら首っ引きで料理することはないので、すべてリビングの本棚に置いています。

　友人の家でボロボロになった料理本が台所の棚の隅っこに置かれた姿を見たことがありますが、なんだかとてもいい風景でした。そんなに使ってもらえて本も幸せだなぁって。

どんな本棚が
使いやすいでしょう？
たくさんあって迷っています。

　可動式は収納力抜群でたしかに本を収納するのにはいいのかもしれませんが、なんだか味気ないなぁと思ってしまいます。私は本のある風景が好きなので、背表紙も楽しめてかつ取り出しやすいものをと考えると、昔からあるふつうの本棚がいいのではないかしら？と思います。本の量と家の広さなどにもよるので、どれが本棚のベストかをえらび出すのはなかなか難しい問題ですね……

伊藤さんが見た
すてきな本棚を教えてください。

友人知人に暮らし上手な人がたくさんいるので、すてきな本棚をたくさん見てきました。けれども私がいいなぁと思ったのは、本棚ではなくてスーツケースに入る分だけの気に入りの本しか持たないという友人。そこには気取りがなく本当に好きなんだなと感じさせる本が少しだけ入っていて、おしゃれな洋書や立派な作品集が並ぶ本棚よりも心惹かれるものがありました。その人の人となりや生き方が垣間見れたような気がしたからかもしれませんね。

掃除は常に。埃がたまる前にささっと取り除くのが一番

本棚に入れておく本の
選び方は？

これまでもこれからもずっと読み続けたい本を入れておきたいと思っています。あとは常に一定量を保つことも心がけています。放っておくとどんどん増えてしまいますから……

どんな本が
ずっと持っていたいもの？

私にとってのそれは人生の節々で影響を受けた本。子どもの頃に読んだ絵本であったりレシピ本であったりエッセイであったり図鑑であったりといろいろです。

時間をきっちり使えていますか？

仕事をはじめて早四半世紀。途中の十年くらいは子育てが大変な時期も加わり、せわしない日々が続きました。ところがここ数年、娘もだいぶ手が離れて自分のことに集中して時間を費やせるようになりました。時間にも心にもゆとりができたのと比例するかのように、仕事も遊びの量も増え、なんだか毎日大忙し。それでも、疲れ知らず病気知らずなのは、時間のやりくりが上手になってきたからかもしれません。

起きるのはだいたい朝の六時。まずは娘のごはん作りに取りかかり、彼女を学校に送り出したらパソコンを開いてたまったメールの返信をしていきます。原稿書きに集中できるのも朝のこの時間。その後、午前中から午後にかけて、打ち合わせをしたり撮影をしたり。たいてい四時には人と会う仕事を終わらせ、またパソコンを開いて少し仕事。五時か六時前には、電源を切ってその日の仕事は終了です。

その後は家でのんびりお酒を飲んだり、外に食事に出かけたり。たいてい十時頃、遅くとも十一時には寝るという毎日。フリーの仕事は不規則と思われがちですが、一度こう、と決めたらわりあいその通りになるもので、こんな生活がもう何年も続いています。よいなと思っているのは、仕事は仕事、遊びは遊びでそれぞれに集中できること。それから、睡眠をたっぷりとっているので翌日に疲れを持ち越さなくて済むこと。

よく「オンとオフに分ける」なんて言いますが、パソコンのスウィッチを切ることが私にとってまさにオフの合図。今日はおしまい、とスウィッチを切る時、爽快な気分になるのです。

教えてください！まさこさん

9 もっと時間を大切にしたい

どんなに忙しくても必ずしている習慣はありますか？

「忙しい時、ママ何してる？」と娘に尋ねたら、間髪を容れずに「掃除！」との答え。

たしかに忙しいのに比例するかのように、掃除に精を出しているような気がします。というのも忙しい時こそ家が片づいていないとことがうまく運ばないから。

あれどこにあるんだっけ？と何かを探す時間ももどかしいし、家の中がきちんとしていないと、ただでさえ散らかりがちな頭がよけい散らかってしまうのです。

一度にふたつのことをすることはできる？

常にほとんどの事柄が同時進行しています。肌の手入れをしながらテレビを見たり、原稿を書きながらスープを煮込んだり、撮影の準備をしながら、次の撮影の段取りを考えたり。

ただ本当に集中しなければいけない時は、きっちり他の用事を片づけて、ひとつのことに集中します。

どこかで線引きをしないとどっちつかずで、結局まったく集中できなかった！なんてことになりがちですから。

要領が悪い私。なんでこんなに遅いの？とよく言われます。

優先順位を紙に書いて、上からひとつひとつこなしていくのはどうでしょう。

しなくてはいけないことがたくさんですと、かえって慌ててしまい、どんなことにも集中できなくなってしまうと思うのです。

ぽっかりあいた時間。有意義な暇のつぶし方を教えてください。

鍼に行って体をととのえたり、エステに行ってリラックスしたり。気になる展覧会を観に行ったり、映画を観たり。 自分の身体や心のためによいことをすると、次にがんばれます。

時間がない時にかぎって、
何を着ようか迷います。

TPOによって「今の気に入り」のコーディネートをひとつかふたつ考えておくと気が楽です。私はワンピースが好きなのですが、じつはコーディネートをあまり考えなくてもいいから、というのが理由のひとつ。ズボラですよね……

時間内に仕事が終わらない時、
どうしますか?

終わらないのだから焦っても無駄だと気持ちを切り替え、迷惑をかける相手の方に正直にそのことを話します。

私の場合は原稿書きがそれなのですが、焦れば焦るほど書けないんですよね。なるべく余裕を持って仕事に取りかからねばと毎度反省です。

ためてしまいがちな
メールへの返事、
どうしたらいいでしょう?

これは九九パーセントくらいの確率で言えることだと思うのですが、仕事ができる人は、返信がものすごく早い。それを見習って、いつかしなくてはいけない返事ならばためずにすぐにしようと思い、なるべく実践しています。

ひとつのコツとして仕事中（私の場合は撮影中や打ち合わせ中）はパソコンを見たり、携帯電話を見たりせず、返事ができる態勢になった時にメールを見ること。ついつい気になってチェックしてしまいがちですが、それだと返事が後回しになってしまいますよね?

そしてメールを読んだらできるかぎりすぐにお返事します。何事にも言えることだけれど「ためない」ってとっても大事だなと思います。

時間がない!と
慌てることはありますか?

まったく焦りません。その事態を受け止め、今やれることに集中します。

いつも遅刻して焦ります。

私は時間に遅れる時の焦る感じがどうにも苦手なので、できるかぎり余裕を持って出かけることにしています。お待たせするより待った方が気が楽ですしね。

まず何に時間がかかったか、冷静にチェックしてみてはどうでしょう? 服えらび? それとも起きるのがつらい? など。服がなかなかえらべないのだったら前日にある程度考えておくとか、起きるのが苦手だったら早く寝るように心がける、とか、そんな風にして少しずつ直していったらいいのかもしれませんね。

スケジュール管理で心がけていることを教えてください。

昨年はありがたいことに求められることが多くて、仕事に遊びにと大忙しの年でした。

期待されるとついそれに応えようと思ってしまう性分から、張り切りすぎて無理がたたり、年末、ふだんあまりひかない風邪をひいてしまいました。その時に実感したのがスケジュールには余裕を持つこと、でした。元気な時でも、こなせるかな?がんばればどうにかなるかな?というくらいパンパンのスケジュールでは、何かあった時対処ができませんからね。そこで決心して、今年からは少し余裕を持たせたスケジュールに。

せっかくいただいた仕事をお断りするのは心苦しいのですが、またまわりの方に迷惑をかけてしまってはもともこもありません。週に一日は家にいる時間を作って、体と心を休ませ、翌日からの態勢をととのえるようにしよう。そう思っています。

時間を大切にしようと意識していますか？

仕事をスムーズに進ませ、かつ家族や友人と過ごす時間や自分のための時間も……と考えると意識して大切にしていかないと！　二十四時間を充実させたいといつも思っています。

時間を上手に使い、充実した日々を過ごすためには？

私が最近思うのは、スケジュールの整理整頓がいかに大切かということです。

早起きして、だいたい五時には仕事を終え、そこからはオフの時間。その時間を楽しむために、オンの時間には諦めたこともたくさんあります。たとえば友人とのランチ、テレビを見る、うたた寝をする、などなど。

目いっぱい仕事をし、目いっぱいオフを楽しむためには、諦めることもあるし、気持ちの切り替えが必要なんですね。

また、早めに寝ることもとても大切。十時台に寝ることで、新陳代謝や自律神経をととのえ、翌朝はすっきり。健康な毎日を送れています。そのような日々を送るために、スケジュール管理をしっかりすることは本当に大切だと実感しているのです。

仕事を一生懸命するのはもちろんですが、オーバーワークになってしまってはよい結果も生まれません。ひとつの仕事を引き受けたからには、期待以上の仕事がしたい。いつもそう思っているので、なるべくそれにじっくり取りかかる時間を取るようにしています。時には仕事を断ることも。

スマートな女性

「好きな男性のタイプは？」そう聞かれたら迷わず、スマートな人！　そう答えています。立ち居振る舞いが洗練されている人。自分の年齢や立場にあった服えらびをしている人。相手を気づかいつつ楽しいおしゃべりをしてくれる人。その場の雰囲気をさりげなく察知してくれる人。お店の人やタクシーの運転手さんなどに、ていねいな態度で接することのできる人。言いだすときりがなさそうですが、今まで、ああいいな、すてきだなと思った方はみなスマートな人ばかりでした。

とは言え、相手にばかりいろいろ求めるのはずうずうしいというもの。「なりたい女性像は？」そう聞かれたら、やっぱりそれはスマートな人なのです。

そうは言ってもなりたいからといって、簡単になれるはずもありません。ではまずはどうしたらよいかを考えた末、スマートだな、すてきだなと思う方たちを真似ることから始めることにしました。

うれしいことに、私のまわりにはお手本にしたい方が男女を問わずたくさんいます。その多くが、ずいぶん年上の人生の先輩方。人への接し方、距離の取り方。姿勢や、しゃべり方、動作といった身のこなし。服えらび。……ふと不安になって立ち止まった時、ああ、あの方はこうしていたなと思い出せばいい。すぐに同じようにできるはずもないのですが、まずは自分にできそうな小さなスマートを積み重ね、少しずつ近づければいいな、なんて思っています。

教えてください! まさこさん

10 「洗練」のためにできること

レストランでメニューを選ぶ時、まごつかないようになりたい。

私はいつもメニューの上から下まで読んだら、すぐに前菜からデザートまでが決まるタイプなのですが、たしかに悩む方、多いですよね。

レストランにはその時間を楽しむために来ているのだから、悩むのは大いにけっこう!と思って、食前酒など飲みながら悩む様子を楽しんで眺めていますので、気にしないでも大丈夫だと思います。ですが、もしもお待たせしてしまっては……と焦ってしまうようでしたら、少し早めに行ってメニューを眺めているのはどうでしょう。分からない素材や料理法があったら、お店のサービスの方に尋ねたらいいと思いますし、もしかしてその間に他のテーブルに来たお皿を見るチャンスもあります。

それでも!という方は、まずメインから選ぶことをおすすめします。たとえばメインに肉料理を選んだら、前菜は野菜にしてみようかな、とか、デザートは軽めに……なんて組み立てをしていくといいのでは。

ワインリストを手渡されてもよく分からない。どうしたらよいでしょう?

ワイン選びは本当に難しいものです。だからその日に飲むだいたいの量、それから予算をソムリエもしくは店の方に伝え、料理に合うものをみつくろっていただきます。こういう時は知ったかぶりをせずにプロに頼むのが一番。

もしもお誘いを受けた場合は、相手の方に好みのワインをお伝えし、選んでいただくことにしています。

食べ終わったあとにきれいなお皿を残したいです。

お皿の上は常に美しくあるべきだと思っています。盛りつけも、食べている途中も、また食べ終わったあとも。

体は食べたものでできているので、食べものには敬意をはらうべき。そう思うとおのずときれいに食べられるのかな、と思います。

**割り勘にする時の
スマートな方法は？**

会費が決まっている食事会の場合は、ぽち袋に新札を入れて用意しておきますが、そうでない場合は、大まかに計算して端数は切り捨て、テーブルの上で小銭をじゃらじゃらさせないよう気をつけます。

一緒に食事をすることの多い友人たちとは、それは暗黙の了解。せっかくの楽しい時間、最後の最後でがっかりしたくないですものね。

**去り際の美しい女性に
なりたいです。**

そうですね。そういうところがスマートな人は男性、女性にかかわらずすてきです。まだ話していたい気持ちは分からなくもないけれど、お店にもご近所にも迷惑なので、私は「では……」と軽く会釈をして、ひとりでその場を立ち去ることにしています。

よく「知らないうちに帰っていましたね」と言われますが、それくらいでいいのかなと思っています。

**タクシーのマナーを
教えてください。**

私の知人のおじさまは、おつりの小銭はもらわないようにしているとか。とは言え、なかなかそれをスマートにできる人はいませんよね。

私が気をつけていることは、乗る時には「こんにちは」、「こんばんは」と挨拶をし、降りる時には「ありがとうございました」と言う。ただそれだけでタクシーの運転手さんと気持ちのよい関係が築けるような、そんな気がしています。

**ダブルブッキングした時には、
どうしますか？**

先にした約束を守るように心がけています。そしてダブルブッキングしてしまった相手の方には、正直にそれを伝え謝ります。心から謝れば気持ちは必ず相手に伝わるものです。

**文句を言いたいけれども、
まわりの目を引きそう。
上手にもの言いするには？**

ほんとうに失礼なことをされた場合、それは相手に堂々と言ってもいいのではないでしょうか。ただし言葉を荒げるのではなく、静かなもの言いで自分の気持ちを伝えたいものです。

いつ死んでもいいようにしておきたい。
究極の身辺整理について、お考えを聞かせてください。

父が亡くなる半年ほど前に、母と長女夫婦、ずっとお願いしていた会計士さんを集め、財産の申し伝えをしていました。きっとそれがなかったらあとで大変なことになっていたでしょう。私も不動産、車、保険、銀行など何かあったらこれを見るように、という一覧を作ってあります。

咳が出る、汗が引かない……
困った自然現象。
どのようにフォローしますか？

以前、集合時間ぎりぎりに撮影場所に到着したとたん、お待たせしてしまった焦りと暑さで、滝のような汗が流れてきたことが。その時に対談相手の方が「涼しいところで少し休んだら？」と、しばしひとりで休む時間をくださいました。相手は男性だったのですが、なんてスマートな方なのだろう！と感激。私もそういうさりげない気づかいができる人になりたいと思ったできごとでした。

しかしながら、いつもそんな気づかいができる方がまわりにいるとは限らないもの。「ちょっと失礼」とそっとその場を離れ、おさまるまで待つ、というのがよいのではと思います。

私の母は電車の中などで咳き込まないようにいつもバッグにあめを入れているそう。空気の乾燥した車内で咳き込む確率は高いもの。なるほどなぁと思った対処法。

何事であれ、すっきりとすぐに
「こちら」と決められる極意を。

すべては勘です。

失敗したことも多々ありますが、失敗を重ねると勘が養われて、さらに勘がよくなるような。とにかく自分を信じることですね。

「あの人、かっこいい」と
言われる人と、そうでない人。
何が一番違うのでしょうか？

生き方に筋が通っている人はおのずとかっこいい人に見えてくるもの。日々の精進が必要だなと思います。

旅先で、または町の文房具屋で。すてきなものがあるとついつい買ってしまうポチ袋

おつきあいあれこれ

家族や友人だけにとどまらず、仕事や子どもを介してのおつきあい、ご近所づきあい、ならいごと上のおつきあいなどなど。私たちのまわりにはありとあらゆるおつきあいがつきものです。電車に乗ったり、スーパーで買いものをしたり、宅配便を受け取る時でも、人と接する機会があるならば、それもおつきあいのひとつと考えられます。

人はひとりでは生きてはいけないもの。では健やかに生きていくためにはどうしたらいいのだろう、と考えると、人とのつながりを大切にするということはとても大切なことなのでは？　そんな風に思うのです。

尊敬する方が、こんなことを言いました。「愛されるには、まず自分が愛すること」。これを聞いた時、いいなぁ、素直にそう思いました。自分がされたいのだったら、人にまずそれをしてみる。それは「愛」だけに限らず、おつきあいのあらゆる場面でも言えることではないでしょうか。

私の理想は、つかず離れずのほどよい関係。どちらか一方の気持ちを押しつけるのではなく、時に寄り添い、時に少し離れたところから相手の様子をうかがって、何か困ったことや心配事があった時には声をかけ、見守り合う。そんな自立した大人同士のおつきあいがいいなと思っています。とくに近しい人ならなおのこと。とは言え、それがちゃんとできているかどうかというと、まだまだ修業は足らず。「愛されるには、まず愛すること」という言葉をいつも心に留めて、毎日を過ごしたいと思っています。

教えてください！まさこさん

11 スムーズな人間関係のために

手書きのお手紙は、申しわけなくて捨てられません。

今までにいただいた手紙はすべてとっておき、折に触れて見返しては思い出にふけるという友人がいます。その時間がとても幸せなんですって。すてきな話だなぁと思います。

しかし私は、家の中がすっきりこざっぱりしている方に幸せを感じるタイプなので、保管している箱に入りきらなくなったら読み返して、取っておくものと処分するものに分けることにしています。この箱にいっぱいになったらというようにどこかで自分なりの線を引くといいかもしれませんね。

ごちそうになったので、お礼をしたい。

お相手にもよりますが、きっと「ごちそうをして喜んでもらう」ということに喜びを感じる方も多いと思うのです。なのでここは素直にお店を出たあと、「ごちそうさまでした」とていねいにお礼を言い、後日、お電話やメール、お手紙でお礼の気持ちをお伝えるのはどうでしょう。

ごちそうしてもらって悪いな……と思うより、楽しくておいしい時間をありがとうございました！という気持ちを思いの限り伝える方が相手の方も喜ぶかと……

「ありがとう」や「うれしかった」、気持ちを示すためには？

手紙を書いてはどうでしょうか。少し時間はかかるけれど、葉書や便箋をえらんで、字をしたため、切手を貼ってポストへ……という「その人のためにかかった時間」はもらう側にとってとてもうれしいことですから。

「こういうのは うちでは使えないのよね」というものをいただいたら？

あまり「？」というものをいただくことはありませんが、もしもいただいたら、家に来た友人や知人に見てもらい、欲しい人に差し上げることにしています。あの人が使ってくれている……と思うと後ろめたさも消えるものですし、ものにとっても使ってくれる人のところに行った方がうれしいはず。

そう思うと気持ちの踏ん切りもつくものです。

電話よりもメールと思いますが、
結局、やりとりに
時間がかかってしまいます。
電話とメールの使い分けは？

お礼などの場合と、仕事の場合でそれぞれ違うのですが……

まずはお礼の場合。忙しくて、お礼の手紙を書くのがままならない時はすぐに電話をして感謝の気持ちを伝えます。メールが主流になった今だからこそ、逆にお電話すると、喜んでいただけることも。その場合は、相手の方のご都合のよい時間を見計らったり、今よろしいでしょうか？とひと声かけたりなどの配慮も必要です。

次は仕事などの場合。メールは時差もありますし、口調なども伝わりづらい場合もあります。まどろっこしい場合は、電話をすると案外あっさり解決することも。

いずれにしても時と場合でよい方法を、ということになります。どちらがよいか、タイミングをよく見計らって……というのは、なかなか難しいんですよね。

別れてしまった恋人からの
贈りものをどうしたらいいか
迷っています。

自分から別れを告げた、とか振られてしまったとか、その時の状況で、同じものに対してもずいぶん愛着が変わってくると思うのです。高価なものなので捨てるのが惜しいと思う気持ちがあるのなら取っておけばいいし、それを見るたびになんだかなぁという気持ちが湧くのならば思い切って捨てた方がいい。思い出にひたりたいと思うならば取っておけば……というように、自分の気持ちに忠実になるといいのかもしれませんね。

対立しているAさんBさん
両方と友達です。どちらとも
仲よくしたいのですが。

もしも私がこのような立場に置かれたとしたら、AさんとBさんの関係は私には関係がないので、どちらとも仲よくし、そのことをAさんにもBさんにも隠しません。それをよく思わないような相手なら、友達でいなくてもいいのかなと思うのです。

嫌いになってしまった人への
感情の上手な片づけ方を
教えてください！

苦手な人は自分には合わなかったんだと思うことにしています。人には相性がありますものね。でもこういう感情の行きどころをどう整理するかは、その人によりますね。嫌いという感情を長く持つより、他に楽しいことを考えて気を紛らわすというのも手かもしれません。

いずれにしても人間関係は複雑なもの。「お片づけ」では済ませられないから難しいですね。

この人は話すと長くなる。
話が散らかる人には
どうしたらいいか？

楽しい話なら長くなるのもいいけれど、どうにも聞くのがつらい話もありますよね。

こんなこと言ったら元も子もないかもしれませんが、私はグチや噂話が長い人とはつきあわないことにしています。それで嫌われるならばしょうがない、というくらいの覚悟を持って。

安請け合いをした結果、
引き受けきれなくなって大混乱。
この現状を片づけたい！

私も安請け合いしてしまい後悔した記憶はたくさんあります。その経験を活かして、最近は心を鬼にしてきっぱりと断ることにしています。少し勇気がいるかもしれませんが、あとになってくよくよ後悔するよりよっぽど気持ちがいいものです。ぜひお試しあれ。

お財布とお金のこと

もしも宝くじが当たったらどうしよう？　自分のわがままを貫き通したこだわりの家を建てようか。森の中の別荘もいいなぁ。いや、海が見渡せる家もすてきだぞ。それとも、いっそのこと家を持たずに、旅ざんまいの日々を過ごしてみてはどうだろう？……時々、こんな風にひとり妄想しては楽しんでいます。宝くじ、買いもしないのに。その一方で、お金があるからこそできることはあるけれど、ないならないで別の楽しみを見つけられそう、そんなことも思うのです。

根が呑気な性格からか、お金に関してはわりと無頓着です。とは言え、毎日をつつがなく生きていくうえで、切っても切り離せないのがお金。自分の行動を思い返してみても、使わない日はほとんどないくらいの存在ですもの、無頓着とひと言で済ませてはいけない……そう思う気持ちと、持って生まれた性格もあるからしょうがないのかな、と思う気持ちが行ったり来たり。

そんな私が、決めていることがふたつあります。ひとつは毎日、家に帰ったらお財布の中身をすべて出して整理すること。それともうひとつは一年に一度、お財布を新調すること。

なんだかこれだけで、風通しがよくなって、お金が舞い込んできてくれそうな、そんな気分になるから不思議です。一見、無駄遣いに見える買いものがじつは自己投資につながったり、それとは逆にケチったばかりに大失敗してしまったなんてことも。つくづくお金とのつきあい方って難しいものだなぁと思うのです。

缶の中には小分けした小銭と、おつりでもらった新札を。瓶に入れたのは車に置いておく駐車場用の小銭

教えてください！まさこさん

12 幸せを呼ぶ？お金の話

どんなお財布がおすすめですか？
私はすぐに財布が
太ってしまいます。

お金の使い道やカードの量にもよるので「どれが一番」とは言いがたいのですが、私はふたつにぱたんと折り畳めるタイプのものを使っています。中に入れているのはお札とカードが二枚、免許証だけですので、これで事足りるのです。

お財布が太ってしまうというのであれば、容量の少ない小さめのお財布をえらぶのはどうでしょう？　大きいとついついためてしまいがちですものね。

気がつくと財布の中は玉ばかり。
お札と小銭を分けていますか？

何年か前から小銭じゃらじゃらの生活は終わりにしようと思い立ち、お札とカード、Suicaなどのプリペイドカードのみで過ごしています。たまに不便を感じることもありますが、なければないでどうにかなるもの。不便よりお財布のスマートさを取った、というわけです。

おつりをもらった場合は家に帰ってすぐにお財布から小銭を取り出し、五百円玉と百円玉のなん枚かは瓶に。それ以外はお菓子の空き缶に仕分け。同時に領収書の整理もしてしまいます。五百円玉と百円玉を入れた瓶は車のダッシュボードに。これがあると駐車料金を支払う時にとても重宝。一円玉から五百円玉まで各種硬貨の入った缶は玄関の棚にしまっておき、宅急便やクリーニングの支払いに使います。こうしておくとおつりも不要とあってとても喜ばれます。

一日に一度のお財布の整理は、慣れるとそんなに負担に感じません。何より気持ちがすっきりするところがいいな、と思っています。

また、おつりで新札をもらった場合は、箱に入れて保管します。立て替えていただいたお金を返す時や、食事会の会費などを支払う場合は、その新札をぽち袋に入れてお渡しするのです。同じお金でも使い古されたものと、ピンと新しいものでは気分が違うもの。これならわざわざ銀行に行って両替せずともいいとあって気が楽です。

メリハリのある
お金の使い方を教えてください。

そんなにメリハリをつけてはいないのですが、ただひとつだけ言えるのは、入ってがっかりするようなお店にはけっして入らないということ。おいしくないだけでなく、掃除が行き届いていなかったり、お店の人がどうしたらよりよい店になるのかをまったく考えていない店に入ってしまった場合、とっても残念で損をした気分になるからです。そんな気分になるのなら空腹でいる方がいい！　そう思っています。

人生にプラスになる
お金の使い方は？

自分が好きなことならば、それにお金をかけるのは人生のプラスになるのではと思っています。

私にとっての一番は食。時々、思い切って少々敷居の高い店に行くことにしています。お料理の素晴らしさもさることながら、店の対応やしつらえなど、一度の食事で勉強になることは山ほどあります。また、そこに行くためにに身だしなみをととのえたり、おしゃれをしたりするのも楽しいものです。

それから旅先のホテルも、できるかぎり快適で心地よいところをえらぶようにしています。旅のよしあしはホテルで決まるといってもいいくらい大切に思っているのです。

レストラン同様、質の高いサービスを受けることは自分自身の勉強にもなる、そして長い目で見るとそれは人生のプラスになっているのですね。

伊藤さんの「自分への投資」はどんなことですか？

不動産や株などにはあまり興味がないので、いわゆる「投資」とは意味合いが変わってきてしまいますが……。

ここのところ自分の身体にかけるお金は多めになってきています。たとえば月に二度の美容院、鍼治療、エステなど。お金をかけた分、見た目にそれは表れるもので、これはもう大人の必要経費なのだなと思っています。

それから食もしかり。出どころの分かった材料を使い、ていねいに作られる調味料や食材をきちんとえらぶこと。多少、値が張ることもありますが、それにはちゃんとした理由があるのだと思うのです。食べたもので自分の身体ができるのだということを考えるとそこはおろそかにはできません。今日の自分がその先の自分を作るのですから。

高くて手に入れられないものがある時、どうしますか？

私はジュエリーにも興味がないし、いい車に乗りたいとも思わないので、そんなに高価なものが欲しくなるということはあまりないのですが、どうしても欲しいものならば、負担にならない範囲で買っていいと思います。

たとえば今、仕事場で使っているソファが私にとってのそれに当たります。ひと目で気に入ったのですが、お値段を聞いてびっくり。買いもので迷うことはほぼありませんが、一度家に帰り、そのソファが置いてある家の様子を想像したり、他の家具とのバランスを考えて、やはりこれは自分にとって必要なものである。そう判断し、朝一番でお店に電話をし、注文しました。使いはじめて三年あまりたちますが、見るたびにすてきだな、座るたびにいいな、そう思える。結果としてとてもよい買いものをしたと満足しているんですよ。

無駄遣いしないためには？

最近、無駄なお金を使わなくなったな……と実感しています。買ったのに一度も着ない服、使わない器などがずいぶん減ってきたのです。

でもこうなるまでには、買いものの失敗をたくさんしました。勢いで買ってしまった服はまったく似合いませんでしたし、旅先の浮かれ気分で買った器は自分が作る料理や他の器と合いませんでした。

無駄遣いしなくなったのは、「あーあ」と反省することが山ほどあったからこそ。これは授業料だったのだと思うと、買いものの失敗も悪くはないのかもしれません。

お金の貯め方の工夫を教えてください。

基本的に宵越しの金は持たないタイプ。お金を貯めるということにあまり興味がないので、気の利いたお返事ができませんが、結果として貯まっていた！ということがふたつあるのでそちらをお答えしますね。

ひとつは銀行に口座を持つ時にすすめられたのが、月にいくらか引き落とされる定期預金をすること。すすめられるがままに定期にして、気がつけばわりと大きな額が貯まっていてびっくり。性格的に自分で「月にいくら」と決めて貯めることはできないのでこのシステムはいいなぁと感心しました。

もうひとつはお金ではないのですが、航空会社のマイルを貯めています。ふだんの買いものに始まり、公共料金や高速料金やJAF、WOWOWなどの支払いもすべてカードで支払い。塵も積もれば……で一年に一度、貯まったマイルを利用して旅に行っています。

知らず知らず貯まっているので、これらを私は「ずぼら貯め」と呼んでいます。

子どもへのおこづかいは、どう考えていますか？

こづかい問題は、人それぞれでおもしろいですよね。

我が家はお芝居やライブなど好きなものに関してすべて払ってあげる、ということにしていたのですが、同じお芝居に二度三度行く娘は、「一回目だけママに払ってもらうー」と言ってバイトにいそしんでいます。

「将来の自分のためにいろいろ観てる」と言っていました。千円稼ぐのも大変ということが分かって、それはそれでよかったなと思ったんですよ。

お金に愛されるために、伊藤さんが心がけていることは？

何よりお金に執着しないこと。それにかぎります。今までの経験ですが、執着している人で風通しよくお金が回っている人に会ったことがありません。それからケチケチしないこと。ケチな人にはケチな人が集まってくるような気がするから。

お財布の中はいつもきれいに。お金の出入りのあるところですものね。きちんとととのえたいものです。

子どもとお片づけ

窓を開け放ち、掃除機をかけ、床の拭き掃除をして、はあやれやれ、部屋も気持ちもきれいさっぱり……と思っていた時に「ただいまー」、当時小学一年生だった娘が友達を連れて帰って来ました。するとその子、部屋に入るなり目をつぶってスーッと息を吸い込み「あー、なんかここ気持ちいい！」と言ったのです。

つねづね、掃除の行き届いた神社やお寺はすがすがしいものだと思っている私ですが、もしかしたら同じようなものを感じてくれたのかしら？とうれしくなったできごとでした。そしてその時、娘には散らかっているから片づけさせるのではなく、部屋が片づいていると気持ちいいんだよ、ということを教えたらいいのかも？と思ったのでした。

それから早くも十二年余りの月日がたちました。目くじら立てず、根気よく。時に大声で片づけなさい！と怒りたくなる時もありましたが、なんとかそれもやり過ごし……大学生になった娘は、片づけができる子となりました。

時々、机の上が散らかっていることもありますが、見て見ぬ振りしていると知らないうちに片づいている。どうやら「これくらいになったら」という限度があるようで、それを越えたら片づけているよう。頭ごなしに言わない方法、正解だったかななんてうれしく思っています。

今現在、子育て中の友人からは「いいなぁ」なんてため息まじりに言われることもありますが、片づけに手を焼いた小さかった頃が今となっては懐かしい私でもあるのでした。

潔くなんでも捨ててしまう私でも、娘のものは別。時々出してかわいかった小さな時を思い出します

教えてください！ まさこさん

13 子どものいる暮らしもきちんと

子どもがいると、
家は混乱しがち。
それでも心地よく暮らすには？

夜、寝かしつけたあとにすべての片づけをすませ、自分にお疲れさま！の意味も含めてのんびりとお酒の時間を楽しんでいました。

息抜きがないと子育てが苦しくなってしまいますから。

ピンやブローチなどを、
小さな子どもでも
出し入れできるようにしたい。

軽いし割れる心配もないので、お菓子の空き缶に入れていました。お菓子の缶は子どもも喜びそうなかわいらしい柄や形があるので、捨てずに取っておくと重宝します。小さなおもちゃ入れにもできますしね。

おもちゃくらいは
自分で片づけてほしい。
いい工夫はありませんか？

リビング近くにある納戸を娘のおもちゃ入れにし、一日の終わりにはすべてそこに片づけようね、と約束。ぬいぐるみはかご、レゴはゴム製のバケツとそれぞれ入れるものも決まっていて、それを納戸に運べば部屋はすっきり！

簡単だし一気に片づくし、なんていいアイデアを思いついたんだろう！と悦に入りました。ところが子どもはなかなか自分の思い通りにはいかないもの。遊びに夢中になってしまってなかなか片づけようとしなかったり、眠くなってぐずったり……。

そこで片づけも遊びにしてしまおうと、時計の針ひと回りでどれくらいおもちゃをしまえるかとか、ぬいぐるみ入れ、ママと競争ね！などといろいろ工夫。これでなんとか乗り切りました。

学校や保育園・幼稚園で作ってきた工作や絵はどんなふうに残していますか？

もちろんすべて取っておきたい気持ちはあるものの、現実にはなかなか。

我が家は、娘と私で取っておきたい気に入りを厳選し、年齢ごとに分けて箱にしまっています。箱には分かりやすいよう数字を書き入れて。字に興味を持ちはじめてからは箱に年を書くのは娘が担当。鏡文字になっていたり、大きくなるにつれてだんだん字が達者になっていたりと、中身だけではなくその箱ごと思い出になっています。

子どもが自分で取り出しやすい服のしまい方を教えてください。

大人と同じ無印良品のポリプロピレン製の衣装ケースに入れていました。ただサイズは小さめだったり浅いものだったり、子どもも使いやすいようなサイズを選ぶとよいと思います。

自分で整理整頓できるような収納家具は？

子どもが好きなキャラクターの収納家具をえらんでは？ 娘には幅が三〇センチ、高さは八〇センチほどのミッフィーの柄のポリプロピレン製の引き出しを買い、それをこまごましたおもちゃ入れにしていました。

中学生になってからは文房具、大学生の今でも「捨てられない！」と言って、何か入れて使っているようです。

片づけたつもりでも、家族の誰かが出しっぱなしに。使ったものを上手に戻せるいい方法は？

我が家は私物は共有のスペースには持ち込まない、という暗黙のルールが存在しています。それぞれの部屋でしたら、多少散らかっていても気にはならないので。

「使ったものを元に戻す」ということを、「朝起きたら顔を洗う」と同じくらいふつうのことにしてしまえば、家族も「そんなものだ」と思うのでは。

少々手荒かもしれませんが、出しっぱなしにしていたら、捨ててしまう、という手もあり。娘は四歳くらいの時に、散らかりっぱなしだったおもちゃをすべて捨てられてから気をつけるようにしているようです。子どもは最初が肝心かもしれません。

給食エプロンや体育シューズ、
学校関連のもの、
なくさないようにするには？

服と同じ衣装ケースにひとまとめにしてしまっていました。ここを開けたら学校のものが全部ある、そう思うと親も子どもも安心です。

子ども時代のもので
捨てられないもの。
どんなふうにしまっていますか？

気に入った絵は額装しています。三歳くらいの時のものが多いかな。大きな絵は厚紙にはさんでふだんあまり使うことのないスーツケースへ。

服は、手作りのものや思い入れのあるものは取っておいたのですが、クローゼットがぱんぱんになったのを機に、ほとんどを友人の子どもにあげました。

お下がりをあげる時は、すべてクリーニングに出してから。きれいに取っておいたとは言え、やはり古着。さっぱりと美しくなったものをあげたいものです。

きちんとお片づけができる人に
なってもらいたい。
何を心がければいいでしょうか。

子ども自身が「部屋が片づいていると気持ちがいい！」ということを感じるようになるのが一番。そのためには親のふだんの片づけぶりを見せないといけませんね……。

なかなか難しいことですが、あまりがんばりすぎないことも子育てには大切。時々は散らかっててもいい！と大らかな気持ちでいるといいかもしれませんね。

THE BEATLES

旅支度は厳選したい

ひとつのところにじっとしていると、無性に旅に出たくなります。スケジュール帳を開いて、空きを探し、一日半でも隙間があればポンとどこかへ旅に出ます。忙しい毎日があって、のんびりした旅の時間がある。今はそのバランスがうまい具合にとれて、楽しく充実した日々が過ごせているな、そんな風に思っています。

たくさんの気に入りのものに囲まれたいつもの暮らしと、スーツケースひとつだけ、必要最低限の荷物で過ごす数日間。これもまたメリハリがあってよいものです。

快適な旅の時間になるよう、荷物は厳選したいもの。自分にとって何が必要で何が不必要なのかを見直す機会ができるのも、旅のよさではないでしょうか。

どこに行くか、何をするのか、または季節などによっても、旅支度は変わってきます。写真は秋の台湾三泊四日の旅支度。歩きやすい靴、動きやすい服にくわえて、レストランやホテルのバーに行くことを考えて、少しだけきちんとした服と靴も。あとは下着に化粧道具一式。それから瓶類や器など割れものを持って帰るための梱包材とテープは必ず。

少し変わっているのは、スーツケースの片側に荷物を詰めるところ（一一八ページ）。変わってるねと一緒に旅をした友人に言われてそうかと思いましたが、この方法だと、パタンと広げなくて済むので部屋が狭くても大丈夫。なかなかいいなぁと思っている方法なのですがどうでしょう？

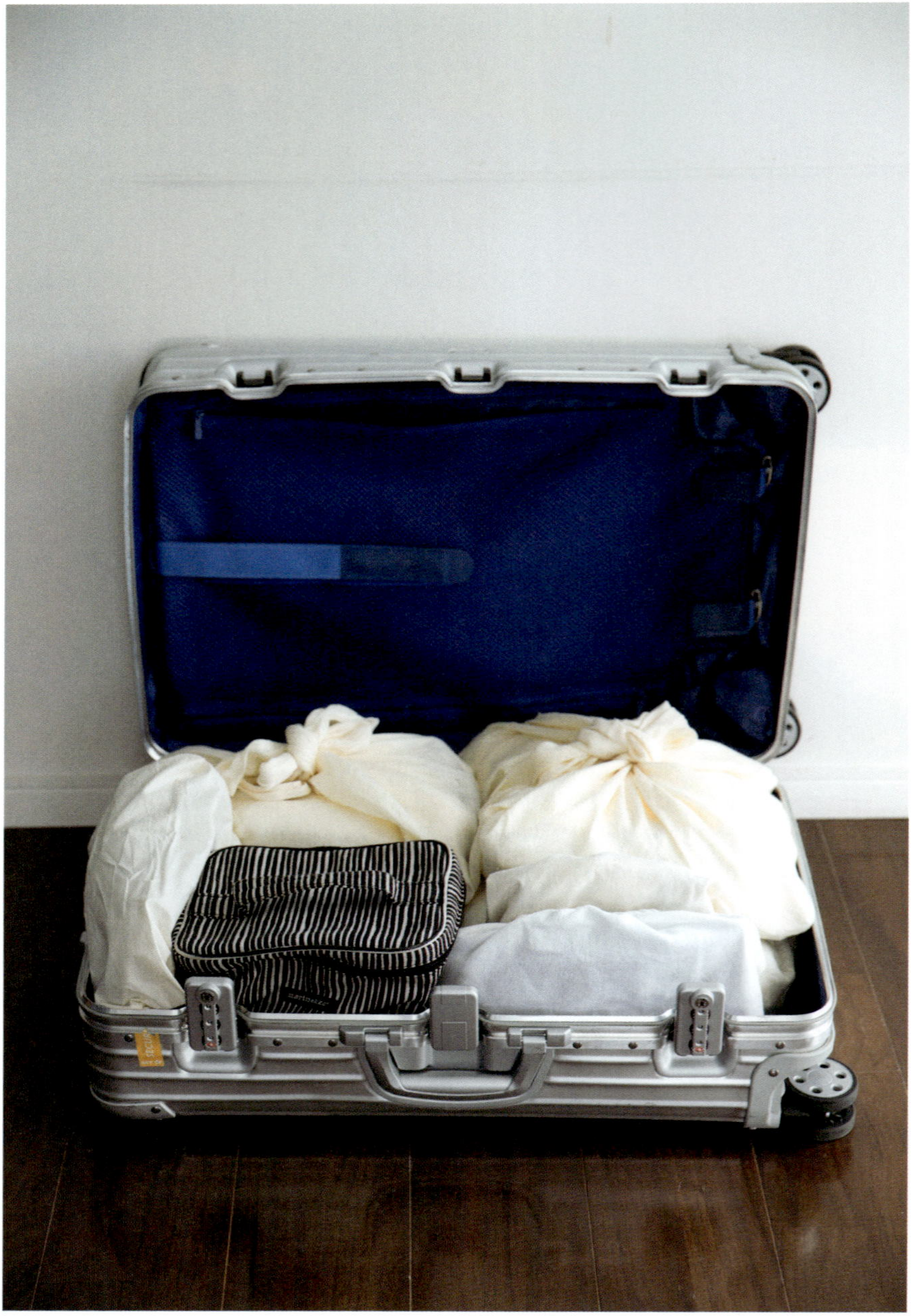

ポーチ、どうしてる？

服はリネンで作った風呂敷で包み、下着類は布の袋に。私の旅支度は、スーツケースの中でもすぐにそれと分かるように分類するところから始まります。

化粧道具はふだん使っている大きめのポーチに一式入っているので、そのままぽんと入れるだけ。化粧水や乳液も詰め替えることもせずにそのまま持っていきます。旅支度はなるべくコンパクトにしたいものですが、このポーチの中身をコンパクトにするのはなかなか面倒。入れ替えると忘れものも多くなるし……といろいろ考えての結果です。

少し長めの化粧品の瓶が縦に入るこのバニティケースはマリメッコのもの。容量が大きく使いやすいのはもちろんのこと、なんと言っても気に入っているのはテキスタイル。もう何年も使っていますが、まったく飽きることなく使うたびにいいものだな、と思う。北欧のデザインの底力をヒシ、と感じています。

ここのところ毎年訪れているフィンランドのマリメッコ本店で、少しずつ買っているのが、がま口のポーチです。平たくてマチのない形ですが、シンプルなだけに柄が引き立つ。形も様々なので、えらぶのも楽しいし、パールのネックレスや眼鏡、リップクリーム、ハンカチにティッシュなどなど、こまごましたものの仕分けには最適なのです。バニティケースを開けると、この小さながま口のポーチが顔を出す。出かける時にはそれをひょいとバッグに詰めるだけ。慣れないホテルの部屋ではどこに何があるかが分かっていると何かと安心。旅支度ってつくづく「分類」がものを言うのだなぁ。

中はビニールコーティングされているのでクリームなどをこぼしてしまっても大丈夫。甘すぎないテキスタイルが好き

ずらりと並べるだけで、かわいいなぁと満足するがま口のポーチ。使いやすさはもちろん、見た目ってとても重要

片づけてから旅行に出ます

仕事も含めると月に二、三度は出る旅。日数によって旅支度は変わりますが、旅の前の準備はたいてい同じ。いつもだいたい数日前から食材の買いものをしないようにし、冷蔵庫と冷凍庫の中のものを減らしていきます。いよいよ出発という前日、冷蔵庫の中の野菜を総動員してスープを作ります。まずはみじん切りにしたにんにくを、熱したオリーブオイルの中に入れ香りを出したら、かたい順に野菜を鍋に入れ、じっくり火を通していきます。全体的にしなっとなったら水を注ぎ、ことこと煮込むこと一時間。最後に塩で味をととのえたらできあがりです。すっかり冷めたら保存袋などに小分けにして冷凍庫に保存。旅から帰ってきて何もない、なんて時でもこれさえあれば。今まで何度この作業をしたことか。今では私の旅の前の儀式のようになっています。

スープができたら、落ち着く間もなくベッドリネンやタオルの洗濯に取りかかります。洗濯機を回している間に掃除機をかけ、スーツケースに必要なものを詰めていきます。請求書は書いた？　原稿は終わってる？　準備をしつつも、頭の中はこんな風にグルグル。すべての用事を終わらせて、さあ、もうあとは出かけるばかり。気持ちが落ち着いた頃には部屋もすっかりきれいな状態。これでもう旅から疲れて帰ってきても安心です。

部屋や冷蔵庫の中の片づけに始まり、こまごました用事も終わらせる旅の前。楽しいことが待っていると思うとがんばれる。私にとって旅はとてもいいきっかけになるのです。

12:39

教えてください！
まさこさん

14

旅先だから気分よく

忘れものをしない荷造りのしかたは？

荷造りはたいてい前の晩か、当日の朝にします。どこに行くのも十分くらいで終わります。というのも、三日くらい前から持って行く予定のスーツケースに必要と思うものをポイポイと入れていくので、最終的な荷造りはあっという間、というわけなのです。

下着や靴下は布製の袋に、着替えは大きめの布で包んで、メイク道具やクリーム類はいつも使っているバニティケースごと……という具合に外側を見れば中のものがすぐに分かるようにざっくりと分類しています。

メイク道具は、旅用と家用とに分けていた時期もありましたが、補充をし忘れたり、場所をとるなどの理由から今はひとつに。荷造りの中でもとくに細かいメイク道具を忘れない秘訣は、朝、メイクをし終わったそばからケースに入れていく、というもの。化粧水や乳液なども瓶ごと持って行ってしまいます。化粧水をつけたらケースにポイ、日焼け止めを塗ったらまたケースへ……この方法だったら忘れようがありませんものね。

旅で必要なものは一カ所にまとめて

おくと出かける時に慌てません。パスポート、外貨（国ごとに瓶で仕分け）、プリペイドカード、変圧器、国際免許証……人それぞれだと思いますが、最低限必要なものは戸棚にまとめて置いています。

　その他、旅先では気に入りの香りや、ルームシューズなど、ふだん使っている身に馴じんだものを持って行くと落ち着きます。タオルを持って行くという知人もいました。理由を尋ねると「枕が変わっても家にいるみたいだから」と聞いてなるほど。

スーツケースはどんなふうに選びますか？

スーツケースは二十年も前からリモワのジュラルミン素材のものを使っています。見た目にすてきだからというのがえらんだ理由ですが、とても頑丈ですし見た目より軽量なのです。三年ほど前、出張先で荷物が増えたため、同じリモワのポリカーボネイトという素材でより軽量なものを買い足しました。ジュラルミンはシルバーと渋いのですがこちらはまっ赤。スーツケース自体がより軽くなった分、サイズは大きめのものにしてみましたが、なかなかの使い心地です。

　国内の移動は、機内にも持ち込めるサイズのグローブトロッターを。こんな風に行き先や用途によって使い分けたり、時にはふたつ持って行ったりすることも。

　ただ、リモワもグローブトロッターも人気があるようで、他の方の荷物と混同しがち。目印のためにそれぞれのスーツケースに合う少し派手めなスカーフを持ち手につけています。ステッカーやスーツケースベルトをつけてもいいと思います。

荷物をすっきりと要領よく詰めるには？

なんでもかんでも詰め込む、というより、ある程度カテゴリー分けしていくと、旅先のホテルなどに着いてからの片づけも楽ですし、スーツケースの中もすっきりします。同じ袋でも持ち手が色違いとか、同じ素材で大きさ違いとか、そんなふうにまとめるとすっきりします。

機内持ち込みの荷物に入れるものは？

以前、ハワイに行った時、飛行機に乗る前の私のいでたちを見た友人に「コンビニに行くみたい！」と言われました。ヨーロッパやアメリカなど十時間以上飛行機に乗る時以外は、パスポートとお財布、リップクリームと機内の乾燥から肌を守るためのクリームくらいしか持ち込みません。長めのフライトでは本やパソコン、仕事の資料など少し多めになりますけれどね。

旅先では どんなバッグを持ちますか？

両手が自由に使える肩掛けのバッグはひとつかふたつ必ず持って行きます。それに布製のエコバッグをプラスして持つのが私の旅先でのスタイル。なんでも入るかごバッグは重宝するので旅に持って行くことも多いのですが、治安が心配な地域ではかごに直接、お財布などは入れずに、バッグインバッグにして中のバッグの持ち手を外側のバッグにかけて持つようにと注意も必要。でもあまり肩肘はらないスタイルがかっこいいと思っているので、注意しつつもなるべくラフに持つようにしています。

旅行先での靴の揃え方は？

まず歩きやすく履き慣れたスニーカーは必ず。それからヒールの靴。部屋の中ではビーチサンダルが重宝します。行きと帰りはかさばるスニーカーを履き、ヒールの靴は専用の布袋に入れ荷物の隙間に。ぺたんこになるビーチサンダルも布の袋に入れ、隙間にしのばせます。

旅先の服の揃え方は？

服は全部で三種類のパターンを考えます。まずは街歩きをする時。それから部屋でくつろぐ時。レストランやバレエやお芝居を観に行く時。季節や行き先にもよりますが、夏だったら帽子やサングラス、肌寒い時のことも考えて、ストールなども持って行きます。

でも旅先で好みの服を見つけるのも楽しいもの。私はいつもあまり準備万端な荷作りを心がけるというよりは、足りなかったら買えばいいという気持ちの方が強いので、現地調達も多いのです。

旅に欠かせない持ち物は？

旅先で案外重宝するのが小分けの保存袋。外貨を分けたり、領収証の整理をしたりと今まで何度あってよかった！と思ったことか。

それからエアパッキンとガムテープとはさみは必ず。これらは瓶詰めや器などの割れものの買いものが多い私の必需品です。

忘れてはならないのが歯ブラシ。日本のホテルには常備されていても、海外ではあまり用意がないのです。それに加えて外国製は私の口には大きいということもあり、必ず日本から持って行くことにしています。

あとは、日数分の着替えにプラスして夜レストランに出かける時などに着るちょっと洒落たワンピースやバッグ、靴も。さらに化粧道具と本を数冊。

エアパッキンとガムテープ以外はみなさんとそう変わらないのでは？

荷物に入らないからと お土産を諦めてしまいます。

欲しいと思ったものは、重いからとか入らないからという理由で諦めるということはほぼありません。旅先での出会いは一期一会です。買わなかった時の後悔より、買って重かったり、持って帰るための苦労をする方が数倍いいと思っています。重くなったら現地から送るという手も。旅先の郵便局に行って手配をするのも思い出深い経験になるものです。

また、帰りのことを考えて行きの荷物はなるべく小さくまとめるようにするというのも手。私は海外へはスーツケースをふたつ持って行きますが、行きは四分の一くらいしか荷物が入っていません。身軽に、が私の旅の基本です。

ホテルの部屋を心地よくする 工夫はありますか？

部屋に着くとまずするのが部屋の換気。窓があったら開けて、なければ好きな香りをしゅっとひと吹き。服はハンガーにかけ、靴は入り口近くに並べ、化粧道具はバスルームへ。いつもの自分の部屋と同じような配置にして過ごしやすくします。

キッチンつきの部屋を借りた時は、蚤の市などで買ったプレートやカトラリーを使い、好みのテーブルセッティングに。時には花を買って飾ることも。

少しの滞在でも、なるべく居心地のよい部屋にするようにしています。

海外で残した 通貨はどうしますか？

旅先から帰ったら残った通貨は瓶に入れて保管しています。たいてい同じ国に何度も行くので次回の旅のために取っておくのです。もしも当分、使う予定がないのなら空港に設置してあるユニセフなどの募金入れに募金してはどうでしょう？　たとえ少ない金額だったとしても塵も積もれば……と思い、私もよく小銭を募金しています。

念入り掃除は月に三、四回

「いったい、どうやってきれいな状態を保っているの？」これは我が家にいらしたお客様からよく受ける質問。それと同時に尋ねられるのが掃除機をかける頻度です。週に何度、とか一日おき、などの決めごとはこれと言ってなく、隅っこのあたりがなんとなく埃っぽくなってきたかな？と気になったら掃除機のかけ時。頻度で言うと週に一度かけるかかけないか。案外ざっくりしたものです。

その代わり、掃除機をかける時は徹底的にかけます。まずは窓を開け放ち、新鮮な空気を取り入れるところからスタート。テーブルやソファ、椅子などは定位置を少しずらし、床にたまった埃を吸い取ります。部屋全体、大まかに掃除機をかけたら、次は小さなブラシに替えて、吸い取りきれなかった細かな部分を入念に掃除します。椅子の脚の裏側、長押、家具と家具の隙間、部屋中の隅っこという隅っこ。立ったままではなく、しゃがんだり、のぞき込んだり。いつもと違う目線で部屋をいろいろな角度から見ては埃を吸い取ります。しゃがんだり、のぞき込んだりするようになったのは、ハイハイをしていた娘と同じ目線になって床に座り込んだ時に埃の吹き溜まりを発見したのがはじまり。違う角度から見ると今まで気づかなかったことに気がつくものなのだ！となんだかいいことを発見した気分になったものでした。

これは、何も掃除だけでなく、人づきあいや仕事との関わりあいにも言えること。一部分だけを見ずに側面や裏側までちゃんと見てみよう。広い目でものごとを見るようになったのは掃除のおかげ。掃除ってすごいのだ。

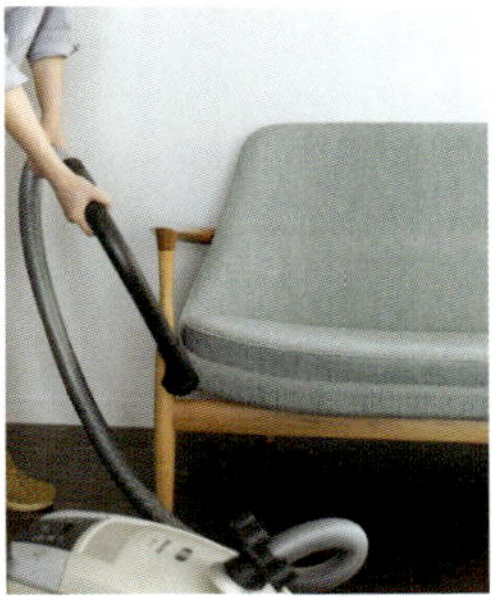

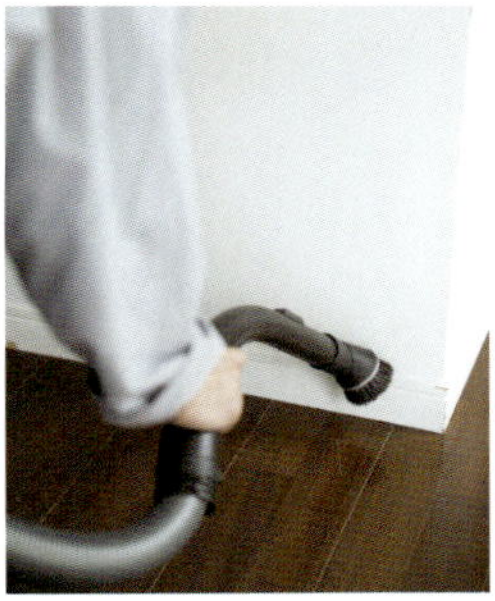

ルンバと埃取り

念入りな掃除機がけは月に三、四度。あとは毎日こまめに埃取りで床の埃を取り、ルンバをかけることできれいな状態を保つようにしています。じつはこのルンバ、出はじめた時は、本当にちゃんと掃除してくれるのかしら?と少々疑いの目を向けていたのですが、実家の母の「本当に便利よー」という実感のこもった感想が聞けたことで購入を決意。ボタンを押せば、ウィーンという音とともに、ぐるぐる回って勝手に掃除機がけをしてくれ部屋中きれいさっぱり。とくに面倒と感じていた絨毯敷きの寝室は驚くほどゴミを吸い取ってくれて大助かりしています。

ルンバを使いはじめて思わぬよいことがもうひとつ。それは、ルンバの動きをさまたげないように、床にものを置かなくなったこと。今までは読みかけの本や雑誌はかごに入れてソファの横に置いていたのですが、本棚の一角に置場を設け、そのつど戻すことに。年中コンセントに差しっぱなしだったパソコンのコードは充電する時だけ差し、ところどころに置いていたガラス瓶や大きな鉢も棚やテーブルの上へ……といった具合。掃除とともに片づけもできてなんだか得した気分です。

写真右の床の埃取りは、ルンバを取り出すほどではない、ちょっとした埃が気になる時に、さっと取り出してひと拭き。毎日しているのだから、そんなにないはずなのに、と思っていても意外なほど取れるのが埃。埃取りやルンバにたまったものを見るたびに、ああ、毎日こまめに掃除しないと快適な部屋は作れないのだな、と思うのでした。

毎日こまめに拭き掃除

友人に何人かたいそうな「拭き魔」がいます。汚れを見つけたら、ささっと拭き掃除。台所だけでなく、家の中のいたるところ、汚れがたまる隙を与えるものか！といった調子で、いつでもどこでもフキフキ。見ていて気持ちいいったらありません。

類は友を呼ぶとは言いますが、じつは私もたいそうな拭き魔です。私の場合は拭くのが好き、というわけではけっしてなく、汚れをためなければ結果として掃除が楽、というのがその理由。今となっては、拭こうと思って拭くというのではなく、気づけば手が勝手に動いている、といった状態に。慣れってすごいものですね。

冷蔵庫の棚板もフキフキ

では何で拭くかというと五二ページで作ったウェスです。水を含ませ、固く絞ったウェスを使って、冷蔵庫の中や外側、鍋などを置いている棚板、シンクまわり、食器棚、ゴミ箱の中と外、扉の取っ手部分……拭けるところはどこでも拭いていきます。比較的きれいなところから始めて、最後は床というのがいつもの流れ。この間、拭き掃除に専念しているかというとそうではなくて、お湯を沸かしている間にちょこっと、煮込みを作っている間に、また。そんな風に台所仕事の合間を縫ってこまめに拭き掃除をしていきます。

「ためる前に、拭く」は私の掃除の基本。毎日、少しずつの手間で家中がいつもすっきりさっぱり気持ちいいのだから、やらない手はありません。

取っ手も汚れがちな部分。何かを拭いたついでにささっと

汚れがちなところほどこまめに拭くこと。ゴミ箱は外と内側、ヘりなども

意外に埃がたまるのがペダルの隙間。時々チェックして

冷蔵庫の外側、とくに手が触れる部分は念入りに

使ったあとのバスルーム

家の中で汚れがたまりがちなのが水まわりではないでしょうか。台所は食べものをあつかう場所ですから、きちんとしていたい。料理をするたびそう心がけているものの、ことお風呂掃除になると、ついつい面倒くささが先に立ち、後回しにしがち。家事の中で一番苦手なのがお風呂掃除というのも手伝って、気がつくとかなり気合いを入れて掃除しないと……という状態になってしまうのでした。

年に二度、掃除のプロにお願いしてはいるものの、もちろんそれだけでは美しさを保てるわけがない。うーん、どうしよう?と困っていたところ、「うちでは、毎日最後に入った人がタオルで水滴をすべて拭きあげるわよ」という驚きの発言をした方がいました。当初「めんどくさい」という家族の声があがったものの、「慣れたら、それがふつうになっちゃった」とのこと。何より毎日拭くことで、お風呂掃除はほとんどしなくても大丈夫。

洗剤も使わずにすむようになって一石二鳥、とのことでした。

汚れはためない。台所と同じような心持ちになればいいのだ、と心を入れ替えてお風呂上がりに、湯船はもちろん壁のタイル、蛇口などバスルーム全体をせっせと拭くこと一週間。ハー、どうしてもっと早く実践しなかったのだろう。ピカピカのバスルームを見るたびに過去の自分を反省するように。今ではバスルームの洗面台、鏡、棚にいたるまで一日に一度、必ず拭くようになりました。その様子を見た友人から「わー、ホテルみたい！」とうれしい言葉が。目指せ！　家でもホテルのバスルーム、なのです。

すっきり白で統一。ガラスの棚板もこまめに拭きます

パリで探した拡大鏡。洗面台の鏡を拭くのと一緒にこちらも

お風呂から出る時にシャワーで石けんのぬるぬるを流します

ブラシ類は使ったらベランダなどに出してからりと乾かします

フックは日本の古い陶器製。白が清潔感を出してくれている

飾り気がないバスルームのポイントになっているのがこの時計

トイレ掃除は一日二回

雑巾が干してある姿が好きでないという理由から雑巾を使わなくなったように、トイレの隅っこにブラシが置いてある姿が好きではないので、トイレ掃除の時にブラシは使いません。ではどうしているかというと、一日に二回ほど気がついた時に拭く。ただそれだけ。

方法はとても簡単で、薄めたトイレ用の洗剤（我が家はエコベールを使っています）をスプレー式の容器に準備しておき、それをトイレットペーパーにシュッ。あとはささっと全体を拭いたらおしまい。汚れが気になる場合はトイレの内側にもシュッシュと吹きかけ、しばらく置いて流します。え!?　ブラシでこすらなくてもいいの？　なんて声が聞こえてきそうですが、大丈夫。私はもう何年もこの方法でトイレ掃除を乗り切っていますから。もちろん洗面台は台所やバスルーム同様、水滴を残さぬようピカピカに拭くのも忘れずに。とにかく面倒がらずにこまめに手を動かす。拭き掃除を習慣にしてしまうことです。

洗剤やトイレットペーパーは、もともと帽子箱にしていた木の箱に入れています。洗面台の下に収納がなかったことからこうしたのですが、見た目もすっきり。買いおきは「これに入るだけ」と決めて、ぎりぎりなくなるまで買いに行かないことにしています。たまに「あー、なくなっちゃう！」なんて慌てることもありますが、まあいいのだ。

ところで写真を見てなぜトイレにスリッパが？と思った方もいると思うのですが、それはトイレの場所が玄関入ってすぐだからという単純な理由から。使う時はそのつど、箱をよいしょ、と抱えて玄関に出し、使ったらまたしまいます。

模様替えをよくする理由

家に遊びにやってきた友人からはよく「部屋の雰囲気が変わったね」なんて言われます。ここ何年かは大きな家具を買うこともなく、部屋の印象を大きく左右するカーテンもずっと変わらぬまま。どうしてそう思うのかしらと不思議に思っていたのですが、どうやらその秘密はちょこちょこと家具やものの位置を変えているからというところにあるようです。

たとえばリビングの白い壁の前に収まっているソファ。ここが最高の定位置！　置いた時はそんな風に思ったものでしたが、ある時ふと壁だけの景色が見たくなり、ずずずと窓の横に移動してみました。少し殺風景とも思えたその白い壁には大きなガラスの鉢に活けた花がぴったり。その後はひとり掛けのソファを置いてみたり、違う椅子を三つ並べてみたり。移動したあと、ソファに座った時の景色もまた新鮮。座る位置が九〇度変わっただけなのにね。

じつはこの模様替え、部屋の掃除も兼ねています。大きな家具を置いていると、その下は死角になってしまうもの。引越しの時に家具を移動したら埃がいっぱいで、あら、びっくり！　なんて経験、どなたにもあるはず。そうならないために気がついた時、またはちょっと気分を変えたい時に移動して、埃をはらっているというわけ。

家具に限らず、食器棚の食器や本棚の本もしかり。食器や本を移動させたら、固く絞った雑巾で拭く。気分も変わるし何より気持ちが清々する。ぜひお試しあれ。

掃除道具こそ美しいものを

洗いやすいから？　デザインが気に入って？　ずっと使っているからなんとなく？　食器を洗うスポンジえらびの条件は人ぞれぞれだと思います。私の一番の条件は汚れが目立つ白にするということ。洗いやすさの優先順位はその次に来ます。だって、口に入る食べものを洗うものですから、清潔さをまず一番に考えるのはとても自然な成り行きだと思いませんか？　そのため、まっ白なスポンジを常備しておき、汚れが気になったらすぐに替える、を実践しています。もちろんふだんのお手入れもまめにします。スポンジもたわしも、使ったらよくよく水気を切り、風通しのいい窓辺、時にはベランダに置いて乾かします。からりとしたスポンジは使っていて気持ちいいし、何より手入れの行き届いた道具は見た目も美しいものです。

スポンジに限らず、掃除道具は使い勝手がいいのはもちろん、見た目もとても重要。なんと言っても美しいデザインの道具は使っていて気分がいいし、出しておいても邪魔にならない。それどころか部屋のアクセントのひとつにもなってくれるのですから。もう何年かけて集めたのやら、北欧のインテリアショップや台湾の市場の片隅、時には箒職人のところまで出かけて手に入れた掃除道具の数々。これらは私の掃除の手助けだけではなく、気分向上のためのアイテムとも言えるもの。見た目じゃないよ！なんて声も聞こえてきそうですが、いえいえ見た目ってとっても大切だと思うのです。

ほうきやはたきは本棚の脇が定位置。すぐに取り出せるところに置くと億劫にならない

使うたびにいいなぁと思うダチョウのはたき

ふたの割れてしまった瓶や少しヒビが入っているコップを掃除用具立てに

教えてください！まさこさん

15 気分よく生きていくために

気がつけば洗面台のまわりが化粧品でいっぱい！

気になったものは試してみたいからついつい買うし、サンプルなどをいただくことも多い。化粧品はたしかにどんどん増えるもののひとつです。

私は、ふだん化粧品を見えるところには置いていません。マニキュアや爪切り、爪の手入れ道具は木製の入れものに（五五ページ）。メイク道具一式はそれとは別のバニティケースに（一二〇ページ）。基礎化粧品は取り出しやすいように持ち手つきのかごに。その三つを洗面所の下の収納に入れています。そこから漏れたイレギュラーな化粧品は月に一度、見直すことに。

残り少ない化粧品は、旅に持って行き、旅先で使い切って処分。これでいつでもすっきり。肌につけるものなので、なるべく早く使い切るようにということを心がけています。

洗面所の水まわり、きれいに使うためには？

洗濯する前のタオルを使って朝晩、蛇口や洗面台、鏡もごしごし。ピカピカの洗面所、気持ちいいですよ。

洗剤や漂白剤などの収納は？

すべて洗面台やキッチンの流し下の収納に。そのつど取り出して使います。

伊藤さんは断捨離を意識していますか？

意識するというより、身につけるようにしているという方が正しいかも。

毎日忙しくて片づけまで手が回りません。それでもきちんとしておきたいのですが？

私も面倒でカトラリーや服など、もとの場所に戻さず、乱雑にカトラリーの引き出しやクローゼットに戻していました。でも、ある時からこれでは定期的に片づけしなければならないと気づき、「必ず元の場所に戻す」ということを徹底しました。

最初は少々面倒くささがつきまといますが、結果として散らからない。これはかなりいい方法だと悦に入っています。

忙しいからこそ、きちんと元の場所に戻す。いつもこのことを肝に銘じて暮らしています。

時々、買いだめしたもので
自分自身が驚きます。
そんな私にアドバイスを！

シーツやタオルは洗いたてがいいなぁと思っているので、ある時からストックはそれぞれ人数分プラス一枚ずつにしました。不便かというとそれほどでもなく、今までぎゅうぎゅうになっていて窮屈そうだったクローゼットや引き出しがすっきり。ストックしなければという気持ちから解放されて清々しました。

食品もまた然り。住む場所にもよりますが、我が家は家のすぐ近くにスーパーやデパートがあるので、そこを家の冷蔵庫やストック場所と考え、食品を死蔵させないようにしています。

もっとまめに掃除ができる人に
なりたいです。

私はトイレ掃除は一日に二回ほどします。トイレットペーパーに洗剤を吹きつけ、便器から床まできれいに拭き取ります。というのも、トイレブラシに気に入ったものがなく、かつ、乾かすのも面倒に思ったからなのです。一日に二度、と言うと驚かれますが、手間より気に入らない掃除道具が置いてある方が私にとっては苦痛。必要な道具はすべて見た目も気に入ったものにしています。

道具が美しいと掃除のしがいもあるってものです。

トイレットペーパーなどは木の箱に入れて
トイレの洗面台の下に

なぜ整理整頓、片づけを
しなくてはならないのでしょう？

基本的には、したくないのならば、しなくてもよいと思っています。人それぞれ。

ただ私は、気分よく暮らすために片づけや掃除は必要、そう思っています。毎日を風通しよく循環させるためには、美しい部屋、ととのった部屋でいることは私の場合とても重要。

次に何か……そう思った時に片づけから始めるのではなく、ゼロ（つまりととのった部屋）から始めたい。そう思っているんですよ。

ベッドリネンもタオルもストックは最小限

泊まっているホテルの廊下を歩いている時に、ごくたまにリネンのストックルームのドアが開いている時があります。ちらりと中の様子をうかがうと、そこにはピカピカに洗い上げられたベッドリネンやタオルが棚にずらりと並んでいて、それは気持ちよさそう。その姿に憧れて、よし、私も！と勢い込んで、家族の人数の何倍ものストックを揃えたことがありました。けれども、場所を取るということもさることながら、一番の問題はそんなにたくさんのストックを順繰りに使っていたら、いつまでたっても洗いたてのシーツやベッドカバーが使えない！ということでした。お日様の匂いがプンプンするベッドリネンで眠ることを幸せと感じているというのに、これではなんだか本末転倒です。

そこでベッドリネンもタオルも買い足すのはしばらくやめて、徐々にストックを減らすことにしました。どれもそれぞれ替えは一枚ずつ。最初の頃は足りなくなったらどうしようという不安もありましたが、それより何より、いつも洗いたてが使えるという気持ちよさが不安に勝りました。

ベッドリネンを入れていた引き出しはすっきり、バスルームの棚にも空きができて、今まで収納に困っていた洗剤類の買いおきを入れてもまだ余裕。常日頃、心の余裕が欲しいものだと思っていますが、収納にも余裕が必要なのだとしみじみしたのでした。

古くなったリネンは、ジョキジョキ切ってウェスにし、最後もうひと働きしてもらいます。リネン類の循環がよくなって、なかなかいい感じじゃないの？と悦に入っているんですよ。

ベッドルームを快適に

十年くらい前からベッドルームには何も置かないことにしています。眠ることだけを目的にした部屋にものはいらない。そう決めて必要最低限にしたのです。

マットを乗せるだけのシンプルなデザインのベッドは、ヘッドも無し。カバーをかけたら脚の部分が見えないくらい低いものを（でもルンバはぎりぎり通る高さ）とオーダーしました。着るものを一時的にかける鉄製のラックもオーダーで。削ぎ落とすだけ削ぎ落としたいという私の要望に、作家さんたちはおもしろがって耳を傾けてくれました。頭に思い描くものを実際の形にしてくれるなんてすごいなぁ。できあがってきたものを見て感心するとともに、いよいよこれで私のシンプルベッドルームが実現する！とウキウキした気持ちになったものでした。

カーテンもベッドリネンも白で統一。時々、気分転換にとベッドカバーを変えますが、それらも白のバリエーションで。どうしてそこまで白にこだわるの？　殺風景な私のベッドルームを見て不思議がる人がいますが、白は私にとって自分を取り戻す色だから、そう答えています。たくさんの人に会い、たくさんのできごとが起こる毎日。夜の間に一度、気を鎮め、ととのえ、また新しい気持ちになるためにはシンプルな場所が必要なのです。

食べ過ぎてしまった時に、お白湯を飲んでお腹を空にしてととのえることがありますが、それと似ているのかも。そう言えば、お白湯にも「白」という文字が入っていますね。

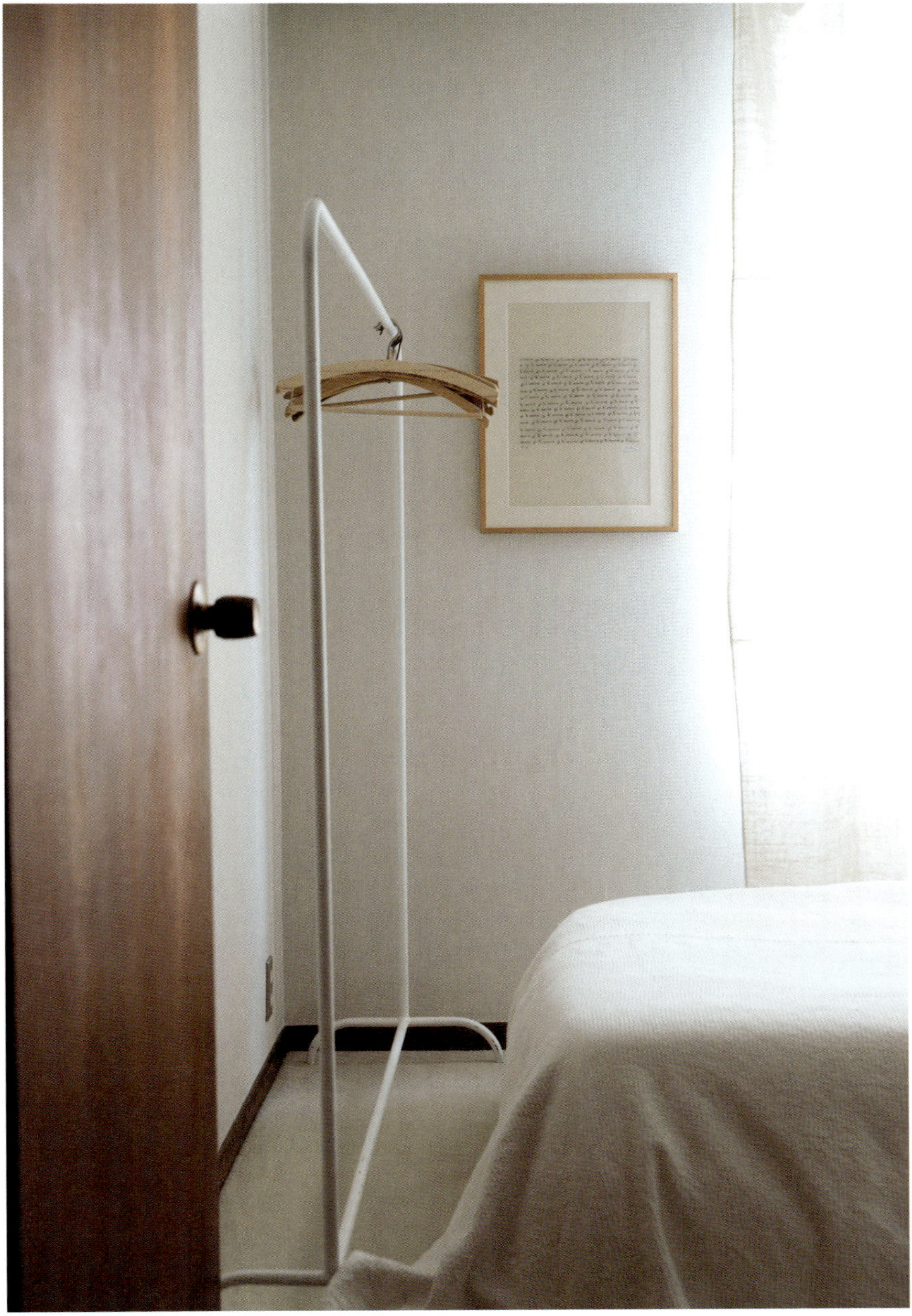

おわりに　暮らし上手に教わるお片づけ

この本は、みなさんに疑問を寄せていただき、読んでくださった方の暮らしが少しでも楽しく美しくなったらいいなぁと思いながら、それに答えました。とは言え私もまだまだだめなところがたくさん。この問題、みんなはどう向き合っているんだろう？　ふと立ち止まることだってあります。そんな時は、片づけ上手、暮らし上手な方々にじゃんじゃん質問してしまいます。最後にそんな諸先輩方の目からウロコの回答を紹介していきたいと思います。

まずは写真。デジタル化してパソコンで管理できるようになり、アルバムを作る機会が少なくなりました。とは言っても娘が生まれた十九年前はフィルムが一般的。一眼レフのカメラでじゃんじゃん撮ったものの、あれ？　整理するのって意外に大変……ポケットに入れるだけのアルバムに入れたままにして十年以上がたってしまいました。同様に自分の写真も、なんとなくまとめただけのアルバムが数冊……。

気にはなるものの、思い出でもあるし、処分しづらいなぁと思っていた矢先、「小学校で一枚、中学校で一枚、高校で一枚。それ以外は処分しちゃった」、「写真は一年に一枚しか取っておかない」、「アルバムは家族一人につき一冊ずつ」、なんとも潔い方々にお目にかかる機会が。みなさんの意見を総合すると「思い出は心の中にある。形ではない」というところでしょうか。たしかに一年に一度、見るか見ないかの写真。私も今年は、えいやっと処分して取っておきの一冊を作ろうかと思っています。

次にスケジュールの管理。去年は、ただでさえ忙しいのにその場の流れでよく考えもせず安請け合いしてしまい、困った事態が何度も。その結果、体調を崩してしまい、満足のいく仕事ができないという悪循環に陥ってしまったこともありました。

仕事のできる人達にスケジュールの管理のしかたを尋ねると、みなさんきちんと睡眠と休息の時間を取っていることがわかりました。「その方が仕事の能率も上がるでしょう?」とのこと。めいっぱい仕事をし、しっかり遊び、休む。これ、できる人がみんなしていること。そしてそのために時には心を鬼にして仕事を断ることだってある。「断るのも仕事のうちよ」。それを聞いて以来、仕事の依頼やお誘いがきた時はスケジュール帳をよくよく眺め熟考してからお返事することに。

そして最後は体重の管理。四十代に入ってめっきり代謝が減って、食べたら食べただけ太るようになってしまいました。ああ体が重いなぁと思いつつも、なんせ生来の食いしん坊。職業柄もありますが、まわりにも食いしん坊が多く、食べる誘惑がいっぱい。これを食べたら痩せる努力を……そんな思いが頭をよぎりつつも実践するまでには至らない。

そこですっきりスリムな方々に日々何をしているかを聞いてみると「四十代に入ってからピラティスのレッスンをしているのよ」をはじめとして「朝晩ウォーキング！ それも毎日」、「食べすぎたら翌日はセーブして体重をキープ」、「腹筋とスクワットを三十回ずつ」という返事が。はぁ……！ 美しい人たちは見えないところでちゃんと努力をしているのですねぇ。感心するやら自分に呆れるやら。「食べたら食べた分だけ出す。家を片づけるのと一緒よ、まさこちゃんだってものの量を一定にしているでしょ。できないわけはない」。

そうか！ 体重の管理は片づけと一緒。ものがたまるとなんだか気持ちが悪いもの、体も同じだってことにどうして気がつかなかったんだろう。まさに目からウロコのお言葉でした。

そこで奮起した私。まずは車で移動するところをなるべく歩き、お湯を沸かしたり歯を磨く間スクワットという自分にもできそうな運動から始めることにしました。食いしん坊はあいかわらずですが、食べ過ぎたら数日かけてその分を戻す、という緩やかな制限を。すると体はきちんと応えてくれてなんだかすっきり。体が軽いってこんなに気持ちがいいのですね。

いいな、すてきだなと思うことはどんどん取り入れ、あんまり好きではないな、気持ちよくないなと思ったことは取り入れない。お片づけってものの整理だけでなく、気持ちや心がけの整理でもあるのかも。今の私の目標は、家も自分もすっきりすること。そうすることによってもっともっと気分よく生きることができる。そんな気がしています。

伊藤まさこ（いとう・まさこ）

1970年横浜生まれ。料理や雑貨など暮らしまわりのスタイリストとして雑誌や書籍で活躍。美しさや気持ちよさを大切にした暮らし方やセンスのよさが多くの支持を集める。『おやつのない人生なんて』『白いシャツを一枚、縫ってみませんか?』『おべんと帖 百』『おいしい時間をあの人と』『美術館へ行こう ときどきおやつ』など著書も多数ある。

本日晴天《ほんじつせいてん》 お片《かた》づけ

2018年4月25日 初版第一刷発行
2018年5月25日 初版第三刷発行

著　者　伊藤まさこ
発行者　山野浩一
発行所　株式会社筑摩書房
東京都台東区蔵前2-5-3　〒111-8755
振替　00160-8-4123
印　刷　凸版印刷株式会社
製　本　凸版印刷株式会社

乱丁・落丁本はお手数ですが左記にご送付ください。送料小社負担でお取り替えいたします。
ご注文・お問い合わせも左記にお願いいたします。
さいたま市北区櫛引町2-604　〒331-8507
筑摩書房サービスセンター　電話048-651-0053

ISBN978-4-480-87899-1 C0077

写真　有賀　傑
デザイン　渡部浩美
間取り図　胡春